WAC BUNKO

カイゼン魂

トヨタを創った男

豊田喜一郎

野口 均

WAC

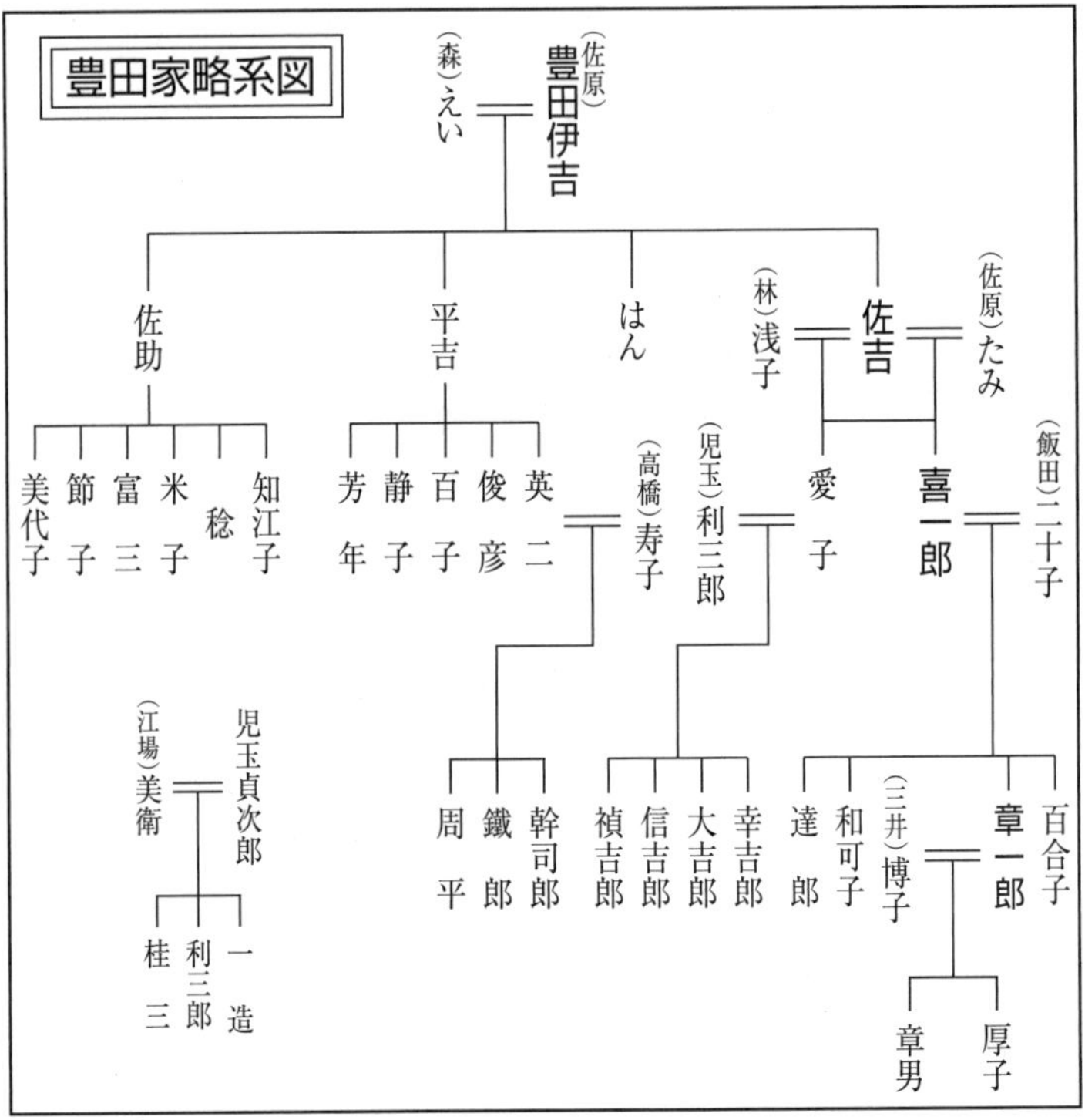
豊田家略系図
(佐原)豊田伊吉
(森)えい
佐助
平吉
はん
佐吉
(林)浅子
(佐原)たみ
美代子
節子
富三
米子
稔
知江子
芳年
静子
百子
俊彦
英二
(高橋)寿子
(児玉)利三郎
愛子
喜一郎
(飯田)二十子
周平
鐵郎
幹司郎
禎吉郎
信吉郎
大吉郎
幸吉郎
達郎
和可子
(三井)博子
章一郎
百合子
章男
厚子
児玉貞次郎
(江場)美衛
桂三
利三郎
一造

【プロローグ】トヨタの三つの謎

トヨタのことを考えている。

二〇一五年、トヨタの連結経常利益は、ついに二兆八千億円を超えた。一兆円を超えて世界を驚かせたのが二〇〇二年のことである。もはや、三兆円を超えても誰も驚かないだろう。

トヨタの強さの源泉は、「トヨタ生産方式」だといわれて久しい。一九八〇年代後半にマサチューセッツ工科大学の研究グループがトヨタを分析して「リーン生産方式」を発表し、九〇年代に入って海外でも注目された。アメリカ自動車産業のビッグスリー（GM、フォード、ダイムラー・クライスラー）も、それで工場を立て直したといっても言い過ぎではない。

しかし、トヨタ生産方式が日本で注目されたのは、それより二十年も前の石油ショックの時である。石油ショックによる大不況のなかで、トヨタがいち早く対応し、その対応力の源泉として在庫を持たない「かんばん方式」が注目された。

この時期、かんばん方式を取り入れた企業も多数あった。が、トヨタグループと僅《わず》かな例外を除いて、一時的な効果に終わった。形だけ真似ても続かないのだ。海外でも、トヨタ系の工場を除いて、その轍《てつ》を踏む可能性が高い。

トヨタ生産方式を機能させ続けている秘密はどこにあるのか。これが謎のひとつだ。


トヨタの本質は堅実な経営である。だが、ただ保守的なだけかというとそんなことはない。トヨタの社史を繙《ひもと》くと、実は何度も大変身を遂げている。

もともとは自動織機《しょつき》や紡績《ぼうせき》機械のメーカーだ。その繊維機械メーカーが敢然と自動車生産に打って出た。配下に鉄鋼、造船、重電、機械などのメーカーをもつ大財閥の三井、三菱でも自動車には後込《しりご》みをした時代に、である。

戦後は、モータリゼイションが起こる前の昭和三十四（一九五九）年に、伸《の》るか反《そ》るかの大投資をして乗用車の一貫生産工場をつくった。また人事でも、創業者の豊田喜一郎《きいちろう》が退いたあとに、自動車事業には直接関係のなかった石田退三《いしだたいぞう》（当時、豊田自動織機製作所社長）を据えるという離れ業もしている。

トヨタは堅実経営である。にもかかわらず、突然驚くべき投資をし、驚くべき人事もする。堅実主義と大変身、どうしてそれが可能なのか。それが二つ目の謎だ。

そして三つ目。最大の謎は創業者の不在である。もちろん、創業者は豊田喜一郎である。しかし、喜一郎、WHO?

豊田喜一郎は、日本の発明王といわれる豊田佐吉《さきち》の長男で、トヨタ自動車工業の二代目社長である。トヨタ自動車工業の初代社長は豊田利三郎《りざぶろう》だ。

トヨタにおいては、豊田家の存在感は際だっている。トヨタの歴代計十一人の社長のなかで、豊田家から六人の社長が出ている。このうち、初代の利三郎は、喜一郎の妹・愛子と結婚して豊田家に入り婿《むこ》した。歳が喜一郎より十歳上で豊田紡織《ぼうしょく》、豊田自動織機製作所などグループの経営を任され、そのためにトヨタ自動車工業でも初代社長となった。

五代目の豊田英二《えいじ》は、喜一郎のいとこである。そして英二のあと、喜一郎の息子の章一郎と達郎《たつろう》の二人が社長になった。そして現在は、喜一郎の孫の章男《あきお》が十一代目の社長だ。

このように、トヨタでは豊田家の存在は強烈だ。しかし喜一郎、WHO? 一般的には豊田喜一郎はほとんど知られていない。

知られていない最大の理由は、トヨタが戦後大成長する前に死去してしまったことである。喜一郎の父、佐吉は発明王として教科書にも載り、生前から大スターであったが、喜一郎自身は日本の自動車工業を産業として立ち上げるという壮挙を担ったにもかかわらず、トヨタが大成長する前に、昭和二十七（一九五二）年、五十七歳の若さで忽然《こつぜん》とこの世を去り、一般からは忘れられてしまった。

創業者が道半ばで死去した場合、その事業が継続して発展することは希だ。だが、トヨタは創業者が不在にもかかわらず、大成長する。なぜ、トヨタが発展したのか。創業者の不在が、逆にトヨタの求心力を高めたのか。高めるような理由があったのか……。

喜一郎は何を託して、忽然とこの世を去ったのか。

喜一郎の波乱の生涯を追うことで、三つの謎を解き明かしてみたい。

カイゼン魂
トヨタを創った男 豊田喜一郎

◉目次

装幀／神長文夫＋柏田幸子
写真提供／トヨタ自動車株式会社

第1章
豊田家の父と子

【1】社風の源流

怒鳴られ続けた張社長

トヨタは、独特の企業風土を濃密に保っている。張富士夫《ちょうふじお》（第九代社長、現名誉会長）の話である。

「私は東京生まれ、東京育ちの人間ですから、入社して豊田市《とよたし》にきて、ほんとにそれは強く感じました。それで海音寺潮五郎《かいおんじちょうごろう》の『武将列伝』を買って読んでみたら、家康の家来のなかに会社の先輩そっくりな人がごろごろ出てくるんです。あ、これはあの人、これはあの先輩だと、おかしいくらいでした」

張は昭和三十五（一九六〇）年に東大法学部を卒業してトヨタに入社し、六年目に「かんばん方式」の生みの親として有名な大野耐一《おおのたいいち》が陣頭指揮していた生産調査室に配属された。

張の仕事は生産ラインに張りついて、組立て作業が手順どおりうまく進行しない場合などに、責任を持って問題解決に当たる役である。作業時間の短縮や不良品率の低下の他、改善の種、すなわち問題そのものを見つけだすことも課せられている。

すでに役員になっていた大野は、毎日のようにラインの見回りに来た。ただし、いつ来るかはわからない。問題が解決できていないと、その場で「バカモン」と物凄い声で怒られる。生産ラインの騒音に負けずに工場に響きわたるほどのカミナリだというから、凄まじい。それほど全身全霊で怒られるとさぞ恐ろしいだろうが、恐ろしいなかにある種の清《せい》冽《れつ》な感動も走るのではなかろうか。怒りのなかに少しでも恣意的《しいてき》な感情が感じられたら、耐えられるものではない。

しかも問題を解決しても、褒めてはくれない。できたのなら、なぜその改善を他の作業に応用しないのか、とまた怒られる。大野がいなくても、鈴村喜久男《すずむらきくお》（初代生産調査室主査）のような大野の高弟が怒る。

東大法学部を出た男が、生産ラインで作業をしている社員たちの前で、毎日怒られるのだ。張はあるとき、これだけやっても怒られるのか、と頭にきて、先輩の家に文句をいいに行った。

すると、先輩は笑いながらこう言った。

「犬や猫なら褒めて育てる。お前は人間だろ、犬や猫になりたいか」

張は、犬猫扱いされるよりはいい、と辛抱することにしたという。

「トヨタ生産方式」についてはおいおい説明するが、このような激しい日々の教育がその根幹にあり、その積み重ねでトヨタは発展してきた。しかし、もしそれを三河以外の、東京や大阪でやっていたらできただろうか。

「うーん、難しかったかもしれませんね」

張はそう答えた。

三河といえば徳川家康、三河武士。忠誠心が高く、組織の規律を守り、質実剛健、勤倹貯蓄……などという言葉がすぐ浮かんでくる。隣の尾張《おわり》に比べて山間地が多く、土地も痩《や》せていて、農耕以外に炭焼き、木工、養蚕《ようさん》、機織《はたお》り、味噌づくり、陶器、製塩など土地土地でさまざまな物産を紡《つむ》ぎだして稼がなければ、生活が立ちいかない土地である。自ずから努力、辛抱が何より尊ばれた。

豊田家の祖

さて、ここまで三河の風土とトヨタの社風に触れてきたが、実はトヨタの創業者・豊田《とよだ》喜《き》一郎《いちろう》は、厳密にいうと三河の人間ではない。三河に隣接する遠州《えんしゅう》は敷知《ふち》郡吉津《よしづ》村山口（現静岡県湖西《こさい》市《し》山口）が本籍である。

喜一郎は明治二十七（一八九四）年六月十一日、吉津村のごく平均的な農家に生まれた。生家のある山口地区は、浜名湖の西の山間部で小川が中心を流れている小さな集落だ。

父は有名な織機《しょっき》王の豊田佐吉《さきち》だが、この頃は豊田式人力織機を開発したばかりで、まだ世間からは評価されておらず、近所からは仕事もせずに発明にとりつかれている変わり者として、むしろ変人扱いされ、嗤《わら》われていた。

祖父は伊吉《いきち》といい、農業のかたわら大工をしていた。大工の腕は良く、働き者で信仰心も厚く、周囲から尊敬を集めていた。しかし喜一郎が生まれた当時は、平均的な農家とはいえまだまだ貧乏で、粗末な藁葺《わらぶ》きの家に住んでいた。

その家が平成二（一九九〇）年に復元されているというので、訪ねた。

最寄りの東海道線鷲津《わしづ》駅からはタクシーで十分もかからなかった。降ろされたのは立派な門の前である。手入れの行き届いた長い生け垣がぐるりとめぐらされ、総二階の瓦《かわら》屋根の立派な建物が見える。

実は明治四十（一九〇七）年、佐吉が成功してから、生家から少し離れた敷地に立派な瓦葺きの家を建てた。この家屋が現在、豊田佐吉記念館になっていて、その前で降ろされたのだ。当地には、春にはトヨタグループ各企業の新入社員たちが、バスを連ねて研修に訪れるそうだ。

復元された生家は、そこから少し離れた竹藪《たけやぶ》の下にあった。江戸時代末期の遠州地方の典型的な農家の建物だそうで、ほぼ四角の一棟だけ。南側に狭い縁側があり、東の端が入り口で、入ると土間になっていて農器具、竈《かまど》などがあり、土間はそのまま裏口に抜けている。

間取りは実に単純で、建物を四つに仕切り、南の二間が畳部屋で、北側の二間が板の間だ。北側の土間に近い部屋には手織織機が置いてあった。

この地方は、気候は温暖だが耕地が少なく、どの家も養蚕、機織りなどの副業をしなければならなかった。祖父の伊吉は、敷知郡白須賀《しらすか》村の森家の長女・えいを嫁にし、この家で佐吉、はん、平吉、佐助の三男一女を育てた。そして、わけあって初孫の喜一郎も、しばらくは伊吉夫婦がこの家で育てるのである。

報徳主義とトヨタ

伊吉は熱心な日蓮宗の信者であると同時に、二宮尊徳《にのみやそんとく》の教えを実践する報徳教の信者でもあった。報徳主義は現在のトヨタの社風、いや「トヨタ生産方式」とも無縁とは思えないので少し説明しておこう。

二宮尊徳、幼名・金次郎は天明《てんめい》七（一七八七）年に相模《さがみ》国足柄上《あしがらかみ》郡栢山《かやま》村の裕福な農家の長男として生まれた。だが、五歳（以下、金次郎の年齢は数え齢）の時に酒《さか》匂《わ》川《がわ》の洪水で農地が流失して一家は困窮。さらに十四歳の時に父が病死する。

祖母・えい

祖父・伊吉

復元された喜一郎の生家（豊田佐吉記念館）

勉強好きの金次郎は、田畑の復旧のために懸命に働きながらも寸暇を惜しんで本を読んだ。その後も不幸は続いて、十六歳の時に母親が死亡。直後に再び酒匂川の洪水で、復旧しかかっていた田畑がまたも流失。金次郎と二人の弟は、それぞれ別の親戚に預けられる。

預けられた親戚のところで金次郎は懸命に働き、独学で学問も身につける。そして二十歳で廃屋となっていた生家に戻り、田畑を復旧し、たちまち生家を再興する。

尊徳は農業技術以外に土木技術、財政の知識を独学で修得し、自ら実践して生家を復興するだけでなく、親族をまとめて二宮一族の総本家も再興する。さらに、小田原藩の家老職・服部家に出入りするうちに人柄と学殖を認められて、子息の教育係となる。

服部家は小田原藩の重臣だが、家計は破綻《はたん》に瀕していた。尊徳に理財の才のあることに気づいた服部家の当主は、家の財政の立て直しを依頼する。

尊徳は、飯炊きの薪《まき》の燃やし方の工夫から使用人の仕事の分担、知行地《ちぎょうち》管理、当主夫婦の食費の減額、配下の武士の給料の減額等あらゆることを差配《さはい》し、服部家の家計を見事に立て直した。それが小田原藩主の大久保忠真《おおくぼただざね》に認められ、大久保家の分家である宇津《うづ》家の領地、下野《しもつけ》の桜町《さくらまち》（旧栃木県芳賀《はが》郡二宮町、現真岡《もおか》市）の再建を依頼される。

尊徳は足柄上郡栢山村の屋敷と田畑をたたんで下野の桜町に移住、十年がかりで大久保家の分家の領地を再建した。

これによって、尊徳は小田原藩だけでなく、他藩からも領地の再建を依頼されるようになり、相馬《そうま》藩全体を復興させるなどのほか、最後は幕府から日光東照宮の領地の再建を依頼されるまでになる。

では、いったい尊徳はどんなやり方をしたのだろうか。読者諸氏は、トヨタはいつ出てくるのか、いつ喜一郎の話になるのかとじれているかもしれない。が、遠回りしているようだが、これはトヨタの話なのである。

歴史学者の奈良本辰也《ならもとたつや》は『日本思想大系52　二宮尊徳・大原幽学《おおはらゆうがく》』の二宮尊徳の解説で、尊徳の基本方針は「分度《ぶんど》」と「推譲《すいじょう》」だという。奈良本の解説を大胆に略していってしまうと、こういうことになる。

「分度」というのは、分を守り、「収入の範囲内で暮らす」と考えておいていいだろう。「推譲」も、本来の意味はもっと難しいのかもしれないが、差し出す、譲る、分けておく、貯蓄するといった意味と理解してもいいだろう。

つまり、「分度」すなわち収入（実質の石高《こくだか》）を確定し、その範囲内で予算を組む。ついで、余った生産物や労働力などは「推譲」して蓄え、さらに生産を拡大するための投資に回す。これが「分度」と「推譲」で、賢い農民は洋の東西を問わず、昔からやっていることだが、資本主義の基本である。

だが問題は、どうやってそれを実行させるかだ。領民は疲弊して逃散者が出、耕作放棄地がそこここにある。役人も年貢を取って使うだけで、足りなくなれば商人から金を借りることくらいしか考えつかない。

そういう連中に、尊徳は徹底した率先垂範《そっせんすいはん》でぶち当たった。とにかく、自分で現地に行って綿密に調査をし、データを揃えて方針を決め、現地で自分がやってみせる。だから、再興した二宮家をたたんでまでして下野の桜町に乗り込んだのだ。

当たり前だが、土地には向き不向きの作物がある。隣同士の畑ではもう育ち方が違う。だからその場で、自分で試してみなければわからない。

これは佐吉以来、トヨタの経営者に引き継がれてきた「現地現物主義」と同じではないか。トヨタは平成十三（二〇〇一）年四月に、「トヨタウェイ2001」という小冊子を全世界のトヨタ系企業の管理職に配布した。経営上の信念、価値観、手法を整理し、世界に広がったグループの行動原則とするために配布したのだが、そのなかにも「現地現物主義」がしっかり入っている。

尊徳は現地に出向いて毎日工夫を凝らし、少しずつ生産高を増やす。労働効率を上げる。たとえ小さな工夫でも、積み重ねれば大きな効果を生む。これを「積小致大《せきしょうちだい》」といっている。これは、トヨタが毎日倦《う》まず弛《たゆ》まずやっている「カイゼン」ではないか。

二宮尊徳は安政《あんせい》三（一八五六）年に死去するが、各地で農村復興に取り組んでいた弟子たちは、その後も尊徳の教えを広め、各地に報徳社をつくる。遠州は特に報徳運動が盛んで、山口地区にも明治三十六（一九〇三）年に山口報徳社が創立される。喜一郎の祖父・伊吉も主要なメンバーであった。

　勤勉で大工としても名工といわれるほどの腕を持つ伊吉は、報徳の教えを守って身を慎み、佐吉、はん、平吉、佐助の四人の子を育てて、なお貯蓄にも励んだ。しかし、その財産も明治二十五（一八九二）年、小学校の経費のために十円の寄付をしたのを皮切りに、僅かずつ寄付金を増額し、大正時代に入って晩年になると、道路改修費千円、豊田家の菩《ぼ》提《だい》寺《じ》である延兼山《えんけんざん》妙立寺《みょうりゅうじ》基本金五千円、山口報徳社基金五千円、吉津村教育基金五万円と毎年のように多額の寄付をして、自ら築いた資産の多くを寄付してしまった。

　まさに「推譲」を実践したといえる。また寄付だけではなく、焼失した寺の再建、神社の改築、学校の新設などに尽くし、大正十三（一九二四）年、八十三歳で没した。

　このように、伊吉が熱心に実践した報徳教は、宗教というよりも一種の自力更正運動、社会改良運動である。伊吉の息子・佐吉は、父以上に「報徳」の実践者だった。そしてその息子・喜一郎も、父・佐吉の生き方を受け継いだ。

　現トヨタ名誉会長の豊田章一郎《しょういちろう》も、そのことは首肯《しゅこう》した。

「佐吉と喜一郎はよく似たところがありますね。佐吉は二宮尊徳の報徳社ですから、一所懸命努力しますよ。でも、日本人はみなそうやって生きてきたんですよ」

トヨタの独特な社風は、三河の風土のなかで佐吉・喜一郎父子が「報徳」を実践して生まれたものである。ただしそこに、豊田（児玉）利三郎・石田退三・神谷正太郎《かみやしょうたろう》らの合理主義も入るのだが……。

それにしても、日本史上最大の再建屋ともいえる二宮尊徳の思想的な流れを汲むトヨタが「トヨタ生産方式」を生み出し、その「トヨタ生産方式」の伝道者が、いま世界中で企業再建に飛び回っていることを思うと、改めてオリジナルなものこそ世界に通用するのだという気がするのである。

【2】「発明狂」の子に生まれて

母のない子として

喜一郎は目立たない、おとなしい少年だったといわれる。いまに残る喜一郎の写真を少年時代から学生時代、自動車産業を興した頃、そして晩年までと年代順に見てみたが、一貫してどこか一歩引いた感じの、内向的な面影がある。

これほどの大事業の創業者としてはやや意外であるが、特殊な環境に育ったことを思えば不思議ではないかもしれない。

喜一郎は明治二十七（一八九四）年六月十一日、佐吉・たみの長男として生まれるが、生まれてすぐ祖父母に預けられ、三歳まで祖母のえいに育てられる。

なぜ、両親ではなく祖父母に育てられたのか。その理由を説明するには、佐吉の当時の置かれた状況に触れなければならない。祖父・伊吉と父との対立が、喜一郎の出生に影を落としているからだ。

喜一郎の父・佐吉は、慶応《けいおう》三(一八六七)年二月十四日の生まれである。寺子屋《てらこや》が途中で小学校に切り替わり、尋常小学校四年を卒業すると、父を師として大工の修業を始める。当初は、父親に素直に従って大工の修業に打ち込んだようだ。ところが、次第に独自の考えを持つようになった。といっても、父譲りの日蓮宗と報徳教の教えから逸脱はしていない。むしろ、それをより効果的に実践することを考えるのである。

自伝『発明私記』に、「幼時ノ思想」と題した次のような一節がある(なお、この『発明私記』の全体は未公刊で、その一部のみ『豊田自動織機製作所「四十年史」』に掲載されている。本書もそれに基づいている)。

「明治十四、五年ノ頃、十五、六歳(数え齢)ノ時ヨリ、人間タルベキモノノ為スベキ事ヲ、百方考慮シタリ。而シテ幸《シコウ》ニ此《コ》ノ世ニ生ヲ受ケタル以上、何カ有意義ニ一生ヲ竭《ツク》シタシト、稚心《オサナゴコロ》ニモツクヅク国家ノ事ヲ思ヒ(後略)」
十五、六歳になると新聞雑誌を読み、村の若者たちと夜ごと観音堂に集まって「夜学会」を開き、盛んに国家社会を論じていたのだ。
佐吉は国家のためになることとして、最初は埋め立てをして領土の拡張を考えた。しかし埋め立てでは、もともとの領土内のことだから真の領土拡張にはならない。

そんなとき、専売特許条例（明治十八年公布）を知って、佐吉は「是《コレ》アルカナ」と発明を志すのである。そして、高価な石炭を必要としない原動力（永久機関）の発明にとりかかった。だが、さすがに永久機関は難しいとわかったらしく、やがて織機《しょっき》に注目する。遠州では、江戸時代に天竜川以西で綿花の栽培が盛んになり、農閑期には農家の主婦はみな副業として機織《はたお》りをしていた。だが、佐吉が織機の発明に取り組んだ理由は、手近にあったからというだけではない。実は明治に入ると、盛んだった日本の綿織物が、安くて質のよい輸入木綿《もめん》に押されて大打撃を受けるのである。そのため明治政府は、衣料の自給を掲げて繊維産業を殖産興業政策の重点とした。織機の発明こそ、当時の日本が何より必要としていたことなのである。

この頃の佐吉の努力は凄まじい。明治十九年、田舎で一人頭をひねっても考えは進まないと思った佐吉は、同じ大工で友人の佐原五郎作《さはらごろさく》と一緒に家を飛び出し、機械工場に就職するつもりで、ほとんど徒歩で上京する。

結局、就職はできず、そのときは横須賀の造船所などを見学して帰ってきたが、その後も何日も納屋《なや》に引きこもっていたかと思うと、手織の織機で機を織る様子を物もいわずに何時間でも見ている。近所の人々は、佐吉は頭がおかしくなったと噂した。

佐吉の若い頃の有名なエピソードに、博覧会に一カ月間、毎日通い、朝から晩まで展示された機械の前に座り込んで観察し、そのために見張りの係員から怪しまれて口論したというのがある。これは、明治二十三年四月に東京・上野で開かれた憲法発布記念第三回内国勧業博覧会でのことである。

佐吉は、この内国博覧会で子細に観察した織機から着想を得てこの年の十一月、「豊田式人力織機」を発明する。佐吉の最初の発明である。筬《おさ》を前後に動かすと自動的に杼《ひ》が滑って横糸を通す工夫をしたのである。筬というのは縦糸が通っている長い刷毛《はけ》みたいな装置で、これを前後に動かして横糸と縦糸をしっかり編む装置だ。

「豊田式人力織機」の能率はそれまでの織機の五割増しで、しかも均質な織物ができた。機屋や織物問屋など、専門家の評価は非常に高かった。そして翌明治二十四年五月十四日、初めての特許を得る。発明を志してから十年が経ち、二十四歳になっていた。

評価も高く、特許も得た。しかし、売れなかった。佐吉の織機は機構が複雑なために高くなるからである。

佐吉は、織機の改良と実演販売による資金稼ぎを兼ねて上京し、浅草千束村《あさくさせんぞく》（現台東区千束）に小さな織物工場をつくった。父の伊吉はあくまで発明に反対していたから、母や親戚が資金を出したのだろう。

織物を自分で織って資金を稼ぎつつ、発明織機の改良を行なうというやり方は、以後も繰り返される。しかし、このときはうまくいかなかった。発明改良に没頭しては機が織れず、機織りに精を出していては研究改良ができない。たちまち資金難となり、金策に郷里に帰る。伊吉は、いくら諦めて家を継げといっても聞かない佐吉に、嫁を持たせる作戦に出た。妻子ができれば、成果の上がらぬ発明を諦めるだろうと考えたのである。

佐吉は発明は諦めなかったが、嫁はもらった。相手は同じ吉津村の友人、先の佐原五郎作の妹である。機織りと家事を助けてもらって、少しでも研究改良の時間を増やしたい。また、たまには親のいうこともききたい。そんな気持ちもあったのだろう。

こうして喜一郎の母となる佐原たみと明治二十六年三月、結婚したのである。

新妻を連れて浅草千束村の工場に戻った佐吉は、再び織機の改良研究に熱中した。たみは懸命に機を織ったが、研究費まで稼ぐのは容易なことではない。やがて妻が身ごもり、生活にも行き詰まって、同年の暮れ、工場をたたんで郷里に帰った。吉津村山口に帰っても、佐吉は納屋にこもって図面をひく。伊吉は、やかましく農業に精を出すように迫る。村の人々は、やっぱり佐吉は頭がおかしいと嘲笑《ちょうしょう》する。

結局、佐吉は明治二十七（一八九四）年正月、母の親戚である豊橋の森家を頼って、一人逃げるように吉津村をあとにした。たみは、豊田家に残された。佐吉に捨てられたと思っても不思議はないだろう。佐吉のような人物と一緒に生活するには、通常の男女の愛というより、佐吉の情熱を理解し、同志的な連帯感をもてる人間でなければ無理である。

明治二十七年六月十一日、豊田家に男児が生まれた。豊橋にいた佐吉は戻ってきて喜一郎と名付けたが、すぐに豊橋に去ってしまった。

七月、ついに日清戦争が始まり、世の中は騒然としていた。子供ができても家に居着かぬ夫に失望したたみは同年八月、生まれて二カ月の赤ん坊を残して実家に戻った。佐吉も、たみを迎えに行こうとはしなかった。こうして喜一郎は、祖母えいに育てられることとなったのである。

伊吉とえいは、初孫の喜一郎に愛情を注いだが母乳はなく、牛乳で育てるしかなかった。佐吉の末弟の佐助が子守役だった。

発明に没頭する父と新しい母

佐吉の発明で最初にヒットしたのは、「糸繰返機《かせくりき》」である。これは、綿糸の束を織機の縦糸用に巻き直す道具で、佐吉は従来の座って手で巻き直す糸繰返機を、立って足踏みで複数の桛《かせ》（糸巻き）に巻き取れるようにした。

佐吉は友人と、埼玉県の織物の盛んな地域を回って糸繰返機の実演販売をして資金を稼ぎ、名古屋に「豊田商店」を設立した。

この頃、日本の各地には専業の織物工場ができ始めていた。明治二十年代後半から三十年代は、織物を日本の主力輸出品にしようとしていた頃である。そのためには国産の安い動力織機が求められていて、佐吉ばかりでなく多くの技術者がその開発に鎬《しのぎ》を削っていた。その開発競争に、佐吉は一歩先じた。明治二十九年、ついに「豊田式木鉄混製動力織機」を完成させる。これを知った石川藤八《いしかわとうはち》という人物が、佐吉に織布工場の共同経営を持ちかけた。石川が知多半島の乙川《おつかわ》村（現愛知県半田市《はんだし》）に工場を建設し、佐吉が織機六十台を自費で製作して提供することで二人は合意する。

佐吉の身辺はにわかに忙しくなり、運命は急展開しつつあった。佐吉は、名古屋市武平《ぶへい》町に三百坪の土地を借り、織機の製作と、その織機で機を織って試す工場、豊田商店武平町工場を作る。

本格的に織機の製造と試験運転を始めるとなると、研究に打ち込んでいただけの時と違って、一人ではどうにも生活が不便である。ちょうどこの頃、両親のすすめもあり、再婚を決意する。相手は、同じ吉津村の林政吉の長女・浅子であった。

林家は旧家で、浅子は二十歳。当時としては決して早い結婚ではないが、佐吉は三十歳で、先妻の間に子供もいる。親としては娘を嫁にやりたい条件ではない。にもかかわらず結婚させていることから、林家ではむしろ佐吉を高く評価していたのだろう。それは、当の浅子自身にもいえる。浅子は実務能力のある聡明な女性で、その後の行動から、最初から佐吉をよく理解していたものと思われる。

明治三十年七月、名古屋に家庭を持った佐吉は、三歳になった喜一郎を呼び寄せ、ようやく親子揃って暮らせるようになった。

おとなしい無口な子供

喜一郎が引き取られた家は、名古屋市の中心の武平町にあった。現在は、久屋大通《ひさやおおどおり》の東に並行して南北に走っている通りに武平通の名が残っている。この通りと国道十九号線がぶつかる角に、かつてのトヨタ自販（トヨタ自動車販売）の名古屋本社ビル（現トヨタ自動車名古屋ビル）がある。北に上れば名古屋城の三の丸、南に下れば栄町、まさに名古屋市の中心だ。住居は豊田商店の事務所兼機織り工場と一緒であるから、吉津村の静かな祖父母の家とはまるで環境が違う。

新しく母親となった浅子は、気が強くて厳格だった。母というよりは、父・佐吉を支える共同経営者みたいなもので、甘えられる存在ではなかった。

発明に夢中で、家族をかまう暇もない父。夫に代わって工場を仕切る気丈で厳格な母。家のなかは大人たちが忙しく動き回っていて、喜一郎は家の片隅でおとなしく声をかけられるのを待つしかなかった。

そんな孤独な喜一郎に、妹ができた。明治三十二（一八九九）年四月十三日、愛子が誕生したのである。

娘を生んだのちも、浅子は前にもまして工場経営に精を出した。十二月に「井桁《いげた》商会」が設立され、技師長として佐吉がそちらに専心したからである。この井桁商会については後述するが、武平町の工場を任された浅子は、従業員の食事の差配《さはい》から外部との交渉まで、すべてを取り仕切った。

豊田式木鉄混製動力織機

乙川綿布合資会社の乙川工場（円内は石川藤八）

しかし、浅子は単に男勝りでキツイというだけではなかった。喜一郎の教育にも責任を持って手を打ったし、従業員の健康などにも気を配っていた。それもこれも、夫・佐吉の発明を成就させたい一心で頑張っていたものと思われる。

それは佐吉の死後、浅子のとった行動が如実に物語っている。浅子は亡き夫の彫像をつくり始めたのだ。現在、佐吉記念館にある佐吉のブロンズ像は彼女の作品である。浅子はまさに内助の功の鑑《かがみ》で、実際、佐吉は浅子を得てから大きな発明を次々とするのである。

しかし喜一郎にとっては、尊敬はできても甘えられる母ではなかった。

喜一郎は近所の高岳《たかおか》尋常小学校（当時は四年制）に通っていたが、特別成績がいいわけではなく、家に帰っても妹の愛子とおとなしく遊んでいる無口な子供だった。そんな喜一郎を心配した浅子は、愛知県立師範学校の卒業生である親戚の西川秋次《にしかわあきじ》に相談し、明治三十八（一九〇五）年に喜一郎を愛知県師範学校附属小学校に入学させた。

だが喜一郎は相変わらず、後年、大事業家となる才気や気迫、粘り強さのどの片鱗《へんりん》をも見せることはなかった。忙しい父と母の邪魔をしないように妹と二人だけで食事をし、毎晩のように妹のために本を読んでやっていたという。唯一の楽しみは、休日に吉津村の祖父母の家に帰り、祖父母に甘えることであった。

さて、話は少し戻るが、喜一郎を名古屋に迎えた同じ明治三十（一八九七）年の秋、資本金六千円で「乙川綿布合資会社」が設立され、翌明治三十一年、乙川綿布の工場が完成した。初の国産動力織機による織布工場である。

継母・浅子

父・佐吉（35歳当時）

幼少の頃の喜一郎と妹・愛子

佐吉の動力織機で織った綿布は品質が良く、しかも従来の織機の四倍の効率のため、乙川綿布は急成長した。佐吉の動力織機も評価が高まり、名古屋周辺の大きな機屋から次々と百台単位という大口注文が殺到して、生産が間に合わなくなる。さらに三井物産が乙川綿布を調査し、佐吉の動力織機の優秀さが広く全国に知られることとなった。佐吉は一躍、日本一の織機の発明者として喧伝《けんでん》され、井上馨《いのうえかおる》、金子堅太郎《かねこけんたろう》、清浦奎吾《きようらけいご》、大隈重信《おおくましげのぶ》などが名古屋の工場を参観に訪れる騒ぎとなる。

佐吉を発見した三井物産は直ちに本社の綿糸布掛《がかり》主任・藤野亀之助《ふじのかめのすけ》を派遣し、三井銀行名古屋支店長とともに佐吉の工場を視察。そして明治三十二年、三井物産が佐吉の動力織機を一手に販売する契約を結ぶのである。そして十二月、先に述べた合名会社「井桁商会」が設立された。

工場は堀内町《ほりうち》に新たに建設して経営は三井物産から派遣された人物に任せ、佐吉は技師長として織機の製造と発明に専心した。

佐吉にとっては理想の環境で研究も進んだが、長くは続かなかった。日清戦争後の好景気が終わって明治三十三年頃から不況が始まり、飛ぶように売れていた動力織機が急速に売れなくなったのである。

そうなると、経営陣にとっては佐吉の研究が重荷になる。結局、佐吉は明治三十五年に井桁商会を辞任し、もとの豊田商会（豊田商店を改称）に戻って織布工場を自分で経営して研究費を自分で稼ぐ、それまでのやり方に戻らざるを得なかった。ただ、これまでと違うのは、工場の経営を妻の浅子に任せることができたことである。また、織布の販売など豊田商会の経営は末弟の佐助が担当した。

こうして、家族の助けで発明に専念した佐吉は、喜一郎が附属小学校に通い始めた明治三十八年、動力織機を改良した「三十八年式」を出してヒットさせ、その製造工場として新たに島崎町に工場を新設した。これをさらに改良した「三十九年式」がまた売れ、さらにこの廉価版《れんかばん》で扱いも容易な「軽便織機」を出すと爆発的大ヒットとなり、他社の織機を圧倒した。

前年の明治三十七年には日露戦争が始まり、再び好景気がやってきていた。

このまま豊田商会を佐吉・浅子を中心に平吉、佐助の二人の弟、浅子の親戚の鈴木利蔵《すずきりぞう》など身内で堅実に発展させていけば問題はなかったのだろうが、またまた三井物産が近づいてくるのである。

【3】苦闘する父の背

豊田式織機設立の悩み

三井物産大阪支店長の藤野亀之助が、豊田商会の株式会社化を勧めてきたのは明治三十九（一九〇六）年の九月だった。

井桁商会で一度失敗している佐吉は、藤野の誘いに二の足を踏んだ。井桁商会では好きなように自動織機の研究開発をしてよいという約束だったが、景気が悪くなって織機の売上げが減ると、三井物産から派遣された経営スタッフは佐吉の研究費に難色を示すようになり、研究ができないなら意味がないので、辞任して自前で研究費を稼ぐことにしたのである。そんなことなら井桁商会などつくらず、苦しくても少しずつ自分の工場を大きくしたほうがよかった。だが、散々悩んだ末、佐吉は再び藤野の申し出に乗った。より早く、より安く、性能の良い織機を多くの織物工場に提供したかったからである。

もちろんこのほかに、藤野亀之助に対する信頼や恩義もあっただろう。藤野は、最初に佐吉を評価して世に出した人物である。また、佐吉が井桁商会を辞めたあとも、佐吉の借金の整理や借り換えなどで便宜を図っていたのだ。

だが、信頼にたる藤野の人間性と資本の論理は別である。藤野の持ってきた話は、三井物産が中心となって東京、大阪、名古屋の錚々《そうそう》たる財界人を発起人として募り、資本金百万円の本格的な織機製造会社を設立するという、スケールの大きな話だった。

このスケールの話に乗るとなると、佐吉も相応の出資をしなければ発言権を確保できない。佐吉は豊田商会のすべてを現物出資する決心をした。

こうして明治四十年二月、「豊田式織機株式会社」(現豊和《ほうわ》工業)が設立された。社長には、大阪合同紡績社長の谷口房蔵《たにぐちふさぞう》が就任。佐吉は常務取締役兼技師長。他に北浜銀行頭取、名古屋電気社長で名古屋商工会議所会頭、日本綿花社長といった錚々たるメンバーが役員となり、三井物産大阪支店長の藤野亀之助は相談役になった。

内に育つ構想力

佐吉は豊田商会の一切を出資してしまったが、月給五百円の大会社の常務となり、浅子も工場経営から解放された。研究開発費を捻出するために齷齪《あくせく》せずに済むようになった。

明治四十一年、喜一郎は旧尾張《おわり》藩主が設立した私立の名門、明倫《めいりん》中学に入学する。武家屋敷が並ぶ東白壁《ひがししらかべ》町にあり、かつての尾張藩藩士の子弟が多く通っていた。

喜一郎は学校でもおとなしかったという。これは体が丈夫でなく、体育が苦手だったこととも関係しているかもしれないが、もともとコミュニケーションはうまくないのである。やはり、生まれてすぐ生母と離れてしまったことが関係しているだろう。

だが、喜一郎を現代の鍵っ子のようなイメージで捉《とら》えるのは間違いである。前にも書いたが、工場と住居が一緒のような家で育ち、父親の佐吉が寝る間も惜しんで織機の開発に打ち込んでいるのを見ている。継母の浅子が、朝早くから起き出して従業員の食事をつくり、工場で女工を指図し、細かく面倒をみているのを見ている。家には父親の友人、スポンサー、お客、部下や新米の従業員、いろんな人間が出入りするのを見ている。

そういう環境にいれば、子供はいろんな刺激を受けて観察力を身につけていくものだ。家のなかに使用人がたくさんいれば、そのなかの人間関係も把握できるようになり、自分の置かれたポジションを理解し、自分がどう振る舞えばいいかもわかるようになる。大人からかまわれないほうが、むしろ観察力は育つといえるだろう。

また、無口な子は何も考えていないかのように思ってしまうが、それも間違いである。むしろ、頭のなかではさまざまなことを夢想しているのが普通だ。喜一郎は後年、事業を興してからも、暇さえあれば紙と鉛筆で何事か設計図のようなものを書いていて飽きなかったという。

実際に自動車産業に進出したときには、実に壮大で綿密な事業計画を描いていた。またその一方で、別にさまざまな事業のアイデアを出した。喜一郎の夢想は淡々《あわあわ》とした夢のようなものではなく、歯車や動力機関や航空機など、あくまで実用的で論理的なものだった。自分の回りの大人たちは、みなものづくりに懸命な人たちだ。そのような人々を観察しながら、一方で喜一郎は豊かな構想力を育てていたものと思われる。

だがその平穏な日々も、またまた三年と続かなかった。

恥辱にまみれた父

佐吉は、それまで織機をつくっていた豊田商会島崎工場の一切を豊田式織機株式会社に出資した。土地、建物、機械設備、在庫、そして従業員である。

この従業員のなかには、佐吉の片腕として織機づくりで活躍を始めた鈴木利蔵、岡部岩太郎の他に工学士二名、高等工業および高等商業出身者数名、県立工業卒業者七、八名と人材が揃っていた。これらを核に、鉄工、鋳物《いもの》、組立工場などがつくられた。工場で働く男子の従業員は約百六十五人。

新会社は明治四十年三月五日から操業を開始。佐吉はその後も、近隣の機械・鋳物の職人を集め、鋳造《ちゆうぞう》、鍛造《たんぞう》、研磨《けんま》などの金属加工の技術を高めていった。また発明でも、縦糸の解舒《かいじよ》および緊張装置、自動杼換《ひがえ》装置、投杼桿受《とうひかんじゆ》装置など、自動織機に繋がる重要な発明もした。

こう書くと、八面六臂《はつめんろつぴ》の活躍でますます順調のようだが、事実は逆であった。新会社が発足した頃から日露戦争後（明治三十八年九月五日、講和条約調印）の不況が深刻化し、新会社も予想外の赤字になるのである。

経営陣は、新しく開発した装置をつけて新型を発売するよりも、売れている織機をさらに安くつくって欲しいと要求する。一方の佐吉は自動織機の開発だけでなく、独創的なアイデアを得て、どんな広い幅でも織れる環状織機の開発にも取り組んだ。

こと発明となると、佐吉は人のいうことをきかない。身内のものならどんな苦労をしても佐吉についていく。だが大阪、名古屋の財界のお歴々はそうはいかない。自分の会社のためにも一日も早く利益を出し、投下資本の回収を図ろうとする。

結局、明治四十三年春、緊急重役会と称して名古屋の老舗《しにせ》旅館の河正旅館に呼び出された佐吉は、谷口社長から突然、「工場に出ないでもらいたい」と研究活動の自粛を迫られることになってしまうのだ。

「またか」

激高した佐吉は席を蹴って自宅に戻り、直ちに辞表を叩きつけた。

佐吉が辞任した時、喜一郎はすでに明倫中学三年生、十五歳になっていた。父親に何が起きたか、家がどうなっているのか、すべてわかっていたはずだ。

佐吉は豊田式織機を辞任して、ほとんどの財産を失った。もちろん、出資に応じて豊田式織機の株は所有しているが、不景気で配当はゼロ。株価も低迷している。

しかし、佐吉にとっては失った財産以上に、精神的な打撃のほうが深刻だった。従来の織機に加えて鉄製広幅織機も新たに開発してラインアップに加え、いよいよ自動織機の仕上げの開発にかかろうとしたときに放逐《ほうちく》されたのである。国家社会のために大資本の会社で開発製造をしたほうがいいと考えたから、一族が血の滲《にじ》むような努力をして軌道に乗せた豊田商会を差し出したのである。

それが、いざ自動織機を開発しようと

佐吉の念願だった環状織機は特許を取りながらも、ついに実用化には至らなかった

いうところで社長の谷口がやめてくれという。他の取締役は誰も自分に味方しない。「発明生活の一生を誤りたる痛恨事だ」と佐吉は悔やんだ。井桁商会で一度同じ失敗をしているだけに、自分自身に腹が立ったのだろう。

佐吉の絶望がいかに深かったか。このあと、あれほど寝ても醒《さ》めても自動織機について考えていた佐吉が、どうにも発明に手が付かなくなってしまうのである。

おそらく、日本から逃げ出したい気持ちだったのだろう、佐吉は外遊を思い立った。外遊に出発するとき、「俺はアメリカに永住して発明を継続するつもりだ。当分帰らぬかも知れぬ」と言ったというエピソードが伝わっている。そういう話が周囲に伝わるほど、佐吉は自分の気持ちや努力が世間に受け入れられないと感じ、深く傷ついていたのだ。

佐吉の良き理解者である三井物産の藤野も、まさか佐吉がこれほど激怒して、いきなり辞表を叩きつけるとは思わなかったかもしれない。佐吉は、ふだん身なりもかまわず、言葉も飾らず、ぶっきらぼうに要件だけをいう男だったが、他人に対しては謙譲《けんじょう》で、どんな人物にも分け隔てなく接し、面倒見のよい温厚な人情家である。そんな佐吉を見ていたので、こと発明に関しては「大義親《たいぎしん》を滅《めっ》す」といった覚悟で臨んでいることを見誤ったのである。

結果として純粋な佐吉を怒らせて、佐吉の特許とそれまで積み上げてきた工場と従業員を丸ごと取り上げて追い出すような形になったのだから、藤野にしてみれば寝覚めが悪かっただろう。そんなこともあり、藤野は佐吉の外遊を全面的にバックアップした。

この年の五月八日、佐吉は西川秋次を伴って横浜を出港した。西川は浅子の実家、林家の姻戚《いんせき》だが、東京高等工業学校（のちの東京工業大学）の紡織科を卒業して豊田式織機に入社したばかりだった。

アメリカで、佐吉はもっぱら自動織機の調査をした。その結果、自分が開発している自動織機はアメリカのトップメーカー、ドレーパー社の自動織機とは機構が違っても、性能において一向に劣らないことを確信した。

米欧視察から帰国した佐吉（下関にて）

こうして自信を回復すると、佐吉は西川を紡織業の研究をさせるためにアメリカに残して自分はイギリスに向かった。目指すは産業革命発祥の地、マンチェスターだ。
ここで一カ月近くを費やし、綿密に織機製造と紡織業を視察した。そして、ここでも佐吉は自信を深め、自動織機開発の意欲が再び猛然と湧いてくるのを覚えたのである。

佐吉はその後、フランス、ベルギー、オランダ、ドイツ、ロシアを視察し、明治四十四年一月一日、下関に帰着した。

発明報国の使命感を新たにした佐吉は、「一身の恥辱は小事だ。恥を忍んで余生を国家に捧げよう」と周囲の者たちに語って、新たな一歩を踏み出す。

【４】父と子の新たな出発

背水の陣

新たな意欲を持って帰国した佐吉だが、すぐには研究を始められなかった。金がないからである。佐吉は十カ月も金策に走り回り、明治四十四（一九一一）年十月、ようやく愛知郡中村に三千坪の土地を手に入れた。現在の地名は名古屋市西区則武新町《のりたけしんまち》。トヨタグループの産業技術記念館のあるところである。

新工場には動力織機が百台、そのうちの八台を自動織機の試験用とし、「豊田自働《ママ》織布工場」がスタートした。佐吉一家はそれまでの武平町の屋敷を引き払い、工場敷地内に事務所、研究室、住居兼用の木造二階建て一棟を建て、移り住んだ。

またまた佐吉が一日中工場に籠もり、浅子が朝早くから従業員の食事をつくる町工場の生活に戻った。ただ昔と違うのは、平吉、佐助の二人の弟たちが頼りになり、鈴木利蔵、大島理三郎《おおしまりさぶろう》などの優秀な部下も、豊田式織機を辞めて佐吉のもとに来ていたことである。

佐吉は、朝は誰よりも早く起きて研究室に入り、前日までの問題点と課題を整理する。工場が始まると織機の作動具合を注意深く観察し、統計を取ったり、気がついたことをメモしたり、職工に質問したりと忙しく動き回る。夜は夜で研究室に籠もり、発明に興が乗るとしばしば徹夜した。

これが佐吉のやり方である。徹底して工場のなかで、ものに即して考えるのである。そして、違うやり方を考えついたらその場ですぐやってみる。自然と部下も見習う。喜一郎も、中学から帰ると自分から工場に入って手伝うようになり、佐吉のやり方を学んだ。そして、それがトヨタのやり方、すなわち「現地現物主義」に繋がっていったと考えられる。

豊田自働織布工場は上から下までよく働き、順調に滑り出した。

佐吉は織機を増やすため、大正二（一九一三）年、豊田式織機との間で結んでいた特許権使用に関する契約を変更した。それまでは「会社の利益金より株主に一割を配当し、残額の三分の一を報酬として受ける」となっていたのを、一時金を受け取って、特許権使用料を放棄したのである。豊田式織機社長の谷口は八万円を提示し、佐吉はそれを受け入れ、織機を百台増設した。

この八万円という額は、恐ろしく低い額だった。日本でナンバーワンの動力織機の特許権だ。実はそれから二年後、第一次世界大戦が起きて日本は好況となり、豊田式織機は十数万台もの織機を販売した。もし八万円の一時金で特許使用料を売らず、契約どおり報酬を受け取っていたら三百万円以上になったろうといわれている。

佐吉を愚かと嘲笑《あざわら》う向きもあったそうだが、この頃の豊田式織機と佐吉の関係は、経営陣を別とすれば、全体としては必ずしも悪くはなかった。というのは、自分は追い出されてしまったが、残っている社員の多くは佐吉の元部下たちだからだ。

最大の後援者の登場

大正二年に豊田式織機から一時金を得て織機を増やし、佐吉は自動織機の開発に専心した。が、ここでまた大金を必要とする新たな問題が出てくる。綿糸を買って自動織機の試験運転をしていたのだが、糸の品質が悪くて自動織機の性能が十分に発揮できないのだ。そこで、佐吉は自ら良質の原糸をつくるべく、紡績工場をつくる決意をする。

紡績は大規模にやらないと採算が合わないとされていて、反対の声が多かった。が、佐吉は自動織機の試験をするにはどうしても必要と譲らない。

佐吉を見守っていた藤野亀之助は、この話を聞いて直ちに六万円の資金提供を申し出た。藤野はすでに三井物産の重役となっていた。また、大正元年に三井物産名古屋支店長となった児玉一造《こだまいちぞう》も援助を申し出た。そのおかげで、佐吉は工場を抵当に入れて日本勧業銀行から六万五千円を借り、設計を三年間のアメリカ遊学から帰った西川秋次に任せて、同じ敷地内に紡績工場をつくった。

なお、児玉についてはあとで詳しく触れるが、国士タイプの人物で佐吉を高く評価していて、以後、急速に親しくなる。彦根の出身で、苦学して滋賀県立商業学校を卒業、三井物産支那修業生として採用されるとたちまち頭角を現し、三十二歳の若さで名古屋支店長となった。のちに三井物産綿花部を独立させて東洋綿花（トーメンの前身）を創設した。佐吉とも姻戚関係となり、豊田紡織の設立にも加わるキーパースンである。

佐吉は藤野、児玉らの支援で大正三（一九一四）年二月、紡績工場を完成させた。その五カ月後、第一次世界大戦が勃発《ぼっぱつ》した。日本に未曾有《みぞう》の好景気が訪れた。綿糸、綿布ともに空前の高値で世界中に輸出された。採算が合わないと危ぶまれた佐吉の紡績工場と織布工場は莫大な利益を上げ始めて年々設備を増強し、以後、しばらくは隆盛の一途を辿《たど》る。

ちょうどその頃、喜一郎にも転機が訪れていた。同年九月、仙台の第二高等学校（旧制。現東北大学）に入学して、佐吉のもとを離れたのである。

第2章

喜一郎の才能の萌芽

【1】喜一郎の覚醒期

進学騒動

佐吉《さきち》が喜一郎《きいちろう》についてどう考えていたのか。実をいうとよくわからない。佐吉自身は早くから自分の考えを持ち、父親と衝突を繰り返しながら自分の道を切り拓いてきた。これに対して、喜一郎が佐吉に逆らったという痕跡はほとんどない。あるいは、そんな喜一郎を物足りなく思っていたかもしれない。それでも佐吉は、吉津《よしづ》村に帰るときは必ず喜一郎を連れて行き、家の前の小川を堰《せ》き止めて魚を捕まえる〝かいぼり〟をしたり、凧揚《たこあ》げをしたりして遊んでやったそうだ。喜一郎は大人になっても、吉津村に帰るとよく〝かいぼり〟をし、名古屋や東京の自宅にも、自分で池をつくるのを趣味としていた。佐吉とした〝かいぼり〟がよほど楽しかったに違いない。

〝かいぼり〟を別にすると、佐吉は喜一郎に厳しかった。

「佐吉も長男の喜一郎には非常に厳しかったが、私にはやさしかった」と佐吉の甥に当たる豊田英二《えいじ》が語っている（豊田英二『決断―私の履歴書』）。

よその子に対してよりも自分の子のほうが責任もあり、心配でもあるので厳しくなるのは普通だが、佐吉の場合、喜一郎の能力がいまひとつ信頼しきれなかったからではなかろうか。

佐吉は中学まで行けば十分とし、あとは喜一郎を手元に置いて鍛えようとした。自分が小学校卒で、独学でこれだけの発明をやってきたのだから、自分が鍛えれば大丈夫と思っていたのだ。

この佐吉の方針に対して、喜一郎自身が進学したいと主張することもなかった。

しかし、その佐吉に反対した者がいた。妻の浅子である。浅子は一人では佐吉に対抗できないので、義弟の平吉に応援を求めた。二人の必死の説得が功を奏し、佐吉も不承不承《ふしょうぶしょう》、喜一郎の進学を認める。

喜一郎は、佐吉の許しが出なかったので受験の準備が遅れ、名古屋の第八高等学校の受験に失敗した。しかし、勉強をやれば喜一郎はできるのである。翌大正三（一九一四）年九月、見事、仙台の第二高等学校に合格した。

喜一郎の変貌

昔の旧制高校生は、いまではちょっと想像がつかないくらいエリートとして社会から処遇されていた。彼らのほとんどは東京帝大や京都帝大に進み、そのまま各界の指導層を形成した。

そして、そのように将来のリーダーとして周りから扱われることは、一方で当人たちの自覚を促《うなが》すことにもなる。同級生はエリート同士仲良くなるが、ライバルでもあって、何らかの分野で仲間から敬意を勝ち得なければ相手にされない。自然と切磋琢磨《せっさたくま》することになる。

そのような環境に身を置いた喜一郎は、次第に変貌していった。

旧制高校というとやりたい放題やる寮生活が華ということになっているのだが、喜一郎は半年足らずで寮を出て、仙台市内に下宿をする。寮では東北出身者がほとんどで、硬派、バンカラ全盛の雰囲気に馴染めなかったのだという解説（和田一夫・由井常彦《ゆいつねひこ》『豊田喜一郎伝』）もある。たしかにそれもあるだろうが、勉強に専念したかったのではなかろうか。浅子と平吉が、反対する佐吉を押し切って進学させてくれたのだ。浮かれてはいられないのである。

喜一郎の勉強ぶりを示す東京帝大時代のノートが、豊田市《とよたし》郊外の「トヨタ鞍ヶ池《くらいけ》記念館」に展示されている。最初は、あまりにも精密に図や数式や解説が書かれていて、少し違和感を感じた。きれいすぎてノートらしくないのである。

しかし、じっと見ているうちに、きれいな理由がわかった。それは、授業でとったノートを清書したものだったのだ。喜一郎は、授業を終えて下宿に戻ったら、夜遅くまでノートを清書しながら復習していたのである。おそらく二高時代から、そういう勉強をしていたに違いない。だから寮を出て、落ち着いて自分のペースで勉強に集中したかったのではないかと思うのである。

生涯の友

寮は出たが、喜一郎はこの時代に貴重な友人を得た。生涯の友となり、自動車産業を興してからも大きな力となった抜山四郎《ぬきやましろう》である。

抜山は静岡の沼津中学出身、兄の大三《だいぞう》も同じ二高で、大正三年に一家で仙台に越してきていた。学究肌の抜山兄弟は、喜一郎と同い年の兄が理学志望、二つ年下の弟が工学志望。喜一郎は同じ工学志望ということもあり、特に弟の四郎と親しくなった。

このほか、喜一郎は勉強好きの伊藤省吾や小林秀雄といった友人も得て仲良しガリ勉グループを形成し、甲組工科のなかで自分の居場所を獲得した。ただしガリ勉といっても、ただ点が欲しいだけの点取り虫ではない。喜一郎も、あまり興味のない国語などは適当であった。

このように喜一郎は、自分の勉強のやり方を確立し、成績も飛び抜けていいわけではないが上位を保ち、仲間も得て余裕も生まれた。

しかし、快調な学生生活が二年目に入った大正四年九月、思いがけない知らせが届く。妹の愛子が結婚するかもしれないと手紙に書いてきたのだ。愛子は愛知県立第一女学校の四年生になっていた。

喜一郎と愛子は幼い頃から仲がよくて、喜一郎が仙台に下宿してからは、毎週のように手紙のやりとりをしていた。これは、喜一郎を心配した浅子が、愛子に家のことやら工場のことなどいろいろ書かせていたという面もあったらしい。喜一郎も、下宿や学校のことなどを報告して親を安心させた。

ただ、あまりに頻々《ひんぴん》と女文字の手紙が届くので下宿の家主が心配して、抜山ら喜一郎の友人たちに話してしまい、「女との文通にうつつを抜かすとはけしからん」と問い詰められたりしている。問い詰められて、喜一郎は妹だと白状したが、もしその時、愛子の写真でも見せたら、級友たちはみな喜一郎と友人になりたがったに違いない。なぜなら、愛子が

仙台二高時代の喜一郎（後列右端）

驚くほどの美人だったからである。

ちょうどこの頃、豊田家で花嫁修業をしていた女性のインタビューが『湖西の生んだ偉人豊田佐吉』（静岡県湖西市教育委員会編）の巻末に掲載されている。

それによると、愛子は口数の少ない、おとなしい娘だったが、朝五時にプーという笛が鳴ると母親の浅子と一緒に飛び起きて、工場の炊事場で従業員たちの朝食をつくっていたという。

父親は発明に脂汗《あぶらあせ》を流し、母親は父を助けて朝から晩まで身を粉にして働き、可愛い妹も暇さえあれば母を手伝う。そういうありさまを事細かく手紙で書いてこられては、喜一郎も暢気《のんき》に遊んではいられないのだ。愛子は、写真で見ると細面《ほそおもて》の美人で体つきもほっそりしていていかにも深窓《しんそう》の令嬢だが、働き者だったのである。

この愛子を見て、児玉利三郎《こだまりざぶろう》が一目で惚れてしまった。

児玉三兄弟と石田退三の縁

利三郎は、前にも書いた児玉一造の弟である。一造にはもう一人、桂三《けいぞう》という末弟がいて三兄弟なのだが、父親が早く亡くなり、一造が父親代わりになって二人の弟と遠縁の石《いし》田退三《だたいぞう》を育てた。

児玉利三郎と石田退三はこれ以後、喜一郎や英二と時に協力し、時に対立し、互いに役割を分担しつつ豊田グループを率いていくことになるので、ここで少し、その複雑な関係を『商魂八十年—石田退三自伝』（私家版）に沿って説明しておこう。

まず児玉兄弟だが、父の貞次郎は旧彦根藩の下級武士で、母・美衛《みえ》は長浜在の郷士、江場家の娘だという。父・貞次郎は廃藩置県以後、寺子屋《てらこや》の教師などをやっていたが、三人の子を遺して早くに亡くなってしまった。

一方、石田退三の生家は、愛知県知多《ちた》半島の中ほどの伊勢湾に面した小鈴谷村《こすがや》（現常滑《とこなめ》市《し》）の沢田家だった。小鈴谷ではソニーの創業者の一人、盛田昭夫《もりたあきお》の盛田家が大庄屋で造り酒屋としても有名だが、沢田家も大百姓で、石田の父親は初代の村長も歴任したという。

だが、身体の弱かった父は石田が小学生時代に亡くなり、沢田家は以後、急速に零落《れいらく》した。石田は兄が四人、姉が一人の六人兄弟の末っ子で、小学校を卒業すると、丁稚奉公《でっちぼうこう》に出るか養子に行くかしか道がなかった。

沢田家の子供たちはみな優秀だったので、兄たちは次々と他家に養子となっていったが、退三は成績は優秀だったがことのほか腕白《わんぱく》で養子の口がかからず、数え十五歳になっても行く先が決まらなかった。どうしたらいいか考えあぐねていたとき、児玉一造が沢田家に立ち寄ったのである。

なぜ彦根の児玉が、知多半島の沢田家に顔を出すのか。それは、退三の母の実家の竹内家に児玉の母・美衛の兄・庫太郎が婿入りしていたからである。

江場庫太郎は学校の教師として知多半島に赴任していて、庫太郎の人物を見込んだ竹内家の当主が養嗣子《ようしし》として迎えたのである。つまり、竹内家は退三にとっては母の実家であり、児玉にとっては伯父《おじ》の家ということになる。児玉兄弟と沢田家の退三は血はまったく繋がっていないが、江場庫太郎が竹内庫太郎になったために義理の従兄弟《いとこ》になった。

竹内家は造り酒屋で資産家であり、庫太郎は父親を失った妹の子、児玉一造が大津の商業学校に通うのを援助していた。一造は商業学校を首席で卒業し、三井物産の第一回支那修業生に採用され、中国に赴任する途中で、世話になった伯父に挨拶するために竹内家を訪ねた。この竹内家で、児玉は十五歳になる退三がいい働き口を探していると聞き、沢田家にも顔を出したのである。

児玉は、退三に進学することを勧めた。

「これからは、学校を出ていないとどうにもならない。わしも、高等小学校を卒業して名古屋の菓子屋に丁稚に行ったが、すぐやめて近江《おうみ》銀行の給仕《きゅうじ》になった。だが、学歴がないので、学校出にこき使われるだけだった。そこで奮起して、大津の商業学校に入った。本当はそれでも充分じゃあない。せめて中学だけでも出しなさい」

二十《はたち》そこそこの児玉は熱弁をふるって、退三の母と兄を説得した。

児玉にいわれるまでもなく、退三の兄も母も進学させてやりたいとは思っていた。しかし、学費がない。母親は困惑した。

「彦根のうちにきて、うちから彦根の中学に通えばいい。学費だけなら大したことはない。母に話しておくからそうしなされ」

偉いものである。自分の下にまだ二人の弟がいて面倒をみなければならないのに、血の繋がらない義理の従兄弟に、児玉は手を差し伸べたのだ。退三を見て、自分のような苦労をさせたくないと思ったのか、どこか見所があると気に入ったのか。

いずれにせよ、児玉の申し出で、退三は彦根の児玉家の厄介になり、滋賀県立一中（通称、彦根中学）に入学する。ただ、児玉家も一造が三井物産に入ったばかりで金はなく、母の実家の竹内家から月々四円、下宿代として仕送りする形にしたという。

こうして退三は、彦根の児玉家で利三郎、桂三と兄弟のようにして育っていく。利三郎が明治十七（一八八四）年生まれで退三が明治二十一年生まれだから、四つ違いだ。退三が彦根中学に入った頃には、利三郎は神戸高商に学んでいたはずだ。

下の弟の桂三は明治二十四年生まれで、退三の三つ歳下。これも二人の兄に負けず劣らず賢く、医学を専攻して東大教授から徳島大学学長になっている。ちなみに喜一郎は明治二十七年生まれだから、桂三よりさらに三つ歳下になる。

退三は、義理の叔母・美衛に実の子同様に分け隔てなく面倒をみてもらい、彦根中学ではボート部で活躍。しかしストライキ騒ぎに巻き込まれ、首謀者とされて、海軍兵学校受験に失敗する。そして、代用教員を経て京都の輸入家具屋の社員をしているときに、叔母の美衛のすすめで彦根の石田家に婿養子で入ることになり、大正二（一九一三）年、沢田退三から石田退三へと名前が変わるのである。

石田はその後、三井物産名古屋支店長に出世した児玉一造の紹介で服部商店に就職し、佐吉と出会うことになる。

一方、利三郎は神戸高商を卒業して東京高等商業学校専攻部（のちの一橋大学）に学び、伊藤忠合名会社に就職していた。利三郎は、入社してすぐマニラ支店初代支配人となり、活躍していた。〝カミソリ〟児玉、〝東洋のコットンプリンス〟などと異名をとっていた兄に恥じない活躍ぶりだった。

さて、利三郎と愛子が結婚することになった経緯だが、これはそもそもは、佐吉が利三郎のきびきびした仕事ぶりを見込んだからだといわれている。

第一次世界大戦が始まって、日本は好景気に入った。この機会に豊田自働紡織工場を発展させようと考えていた佐吉は、経営を任せられる人物を探していた。そんなとき、信頼する児玉一造に弟の利三郎を紹介されて、愛子の婿にと考えたのだ。

利三郎は最初は乗り気ではなかった。兄は廈門《アモイ》、台湾で大活躍して認められ、アッという間にエリートコースにかけのぼるや、三井財閥の大番頭・益田孝《ますだたかし》の仲人《なこうど》で十五銀行頭取・園田孝吉《そのだこうきち》男爵の令嬢と結婚してロンドン支店に引き抜かれ、三十二歳で名古屋支店長となった。利三郎も商社に入った以上、ロンドンやパリで活躍してみたい。

豊田佐吉は発明で有名だが、経営している工場は家族総出で働く町工場に毛の生えたようなもので、跡取りに仙台の二高に入った長男がいる。気が乗らないのは当然だ。

ところが愛子を見て、ころっと気持ちが変わってしまった。美人で賢くて、しかも働き者で気だてがいい。利三郎は、養子入婿で豊田の工場経営を受け持つという条件をあっさり呑んでしまった。

なぜ婿養子をとったのか

利三郎の出現を、喜一郎はどう受けとめただろうか。

娘の結婚相手に優秀な婿を求めるのは、いつの時代も同じだ。大きな商家や事業を営む家では、婿の能力で家業を発展させようとするのも当たり前である。ただし、跡継ぎの男子がいるのに婿養子にする場合は、少し事情がある。息子の能力に不安があるか、跡取りが家業とは別の道に進むことが決まっているかのどちらかだ。

喜一郎の能力に問題はない。また、進路も畑違いの医者や学者になろうとしているわけではないので問題ない。ではいったいなぜ、立派な息子がありながらよそから婿養子を迎えるのか。佐吉は、やはり喜一郎の〝能力〟に問題があると思ったのではなかろうか。喜一郎もだが、佐吉自身も含めた「経営能力」のことである。

機屋《はたや》というのは、商売のなかでかなり難しいといわれている。理由は三つある。

一つは、景気と流行の波に翻弄《ほんろう》される業種であること。いまは景気が悪くなって最初に削られるのはレジャー費や夫の小遣いかもしれぬが、戦前は子供や夫の衣服だったのである。したがって、機屋は景気と流行、すなわち世の中の動きに常に敏感でなければならない。

二つ目は、まさに技術力に差がないこと。差が出るとしたら新しい織機、すなわち設備投資で差が出る。だがタイミングを誤ると、設備投資をしたところで景気下降となり、アッという間に赤字が雪だるま式に増える。しかし、景気拡大直前に設備投資ができると、濡《ぬ》れ手《て》に粟《あわ》の大儲けとなる。

三つ目は、糸相場だ。化学繊維ができるまで、糸は穀物と並ぶ世界的な投機商品だった。材料の糸をいつ買うか。この仕入れが一番難しい。そういうわけで、機屋のオヤジは半分相場師的な感覚がないと務まらないのだ。

喜一郎にそれがあるかないか、現時点ではわからないが、まだ旧制高校生で時間がかかる。自分は発明に専念しなければならない。といって、手っ取り早く他人資本を入れて経営を任せると、またまた会社を乗っ取られて追い出されるかもしれない。誰かいないかと探していたら、利三郎という願ってもない人物が現れた。利三郎に経営を任せるなら中途半端なことはせず、潔くすべてを任せよう。その代わり、婿養子として豊田の人間になってもらう……。

喜一郎の気持ちは複雑だったろう。妹の夫とはいえ、自分より十歳も年上の男が、経営の後継者として突然、登場したのである。豊田家にあって、自分の居場所はどこにあるのか。能力を示さねば、それこそ厄介者扱いされかねない。しかし、幼い頃から生母について触れてはならないという石ころを抱え、人知れず耐えていた分だけ、表面的なおとなしさとは別に、自分をコントロールする強靱《きょうじん》な精神力と我慢強さを身につけていたのであろう。特に動揺を示すエピソードは残っていない。

ただ幸いなのは、喜一郎は工科、利三郎は商科、機械・製造と営業・経営で役割分担が可能なことである。そして、愛子が兄思いであったことだ。

喜一郎の心情をこれ以上、推測することはできないが、喜一郎は翌年の大正五年、松島の有名な臨済宗《りんざいしゅう》の寺、瑞巌寺《ずいがんじ》で参禅している。『豊田喜一郎伝』によると、二高の同級生が参禅会を組織し、喜一郎も参加したという。なお、座禅は事業を始めてからも時々行なっている。旧制高校の生徒たちの間では、聖書の研究会をしたり、座禅を組んだりすることも珍しくなかったので、特に関連づけることもないかもしれない。ただ、喜一郎は世代的に大正デモクラシーの影響があるのか、あるいは理科系の知識人として科学的な客観性を身につけたのか、佐吉のように愛国心を前面に出すことはほとんどない。

佐吉と離れて、喜一郎は徐々に独自性を表してきていた。

後継ぎの気概

大正六（一九一七）年九月、喜一郎は東京帝国大学工学部機械工学科に進学する。抜山四郎、伊藤省吾、小林秀雄の二高の親友たちも一緒である。

喜一郎は、東大工学部から一キロほど離れた本郷区（現在は文京区）に下宿をした。

東京は、喜一郎の上京と時を同じくして、急速に近代都市に変貌していった。大正三年に始まった第一次世界大戦が長引いてアメリカも参戦したため、欧米の生産力が落ちて日本の輸出が大幅に伸びたからである。

戦争景気で、繊維はもとより海運、造船をはじめ重工業まで発展した。景気が良すぎてインフレになり、大正七年には米の買い占めから米騒動なども起きたが、同年九月に原敬《はらたかし》内閣が成立して鉄道、電信電話、電力の普及などインフラ整備と産業振興に力を入れ、急速に都市化が進んだのである。特に東京では、官庁や発展する民間企業に勤めるホワイトカラーが急増し、大正デモクラシーの担《にな》い手となった。

そんな東京で、しかし喜一郎は浮かれることなく、勉強に集中した。東大入学後、同級生となった隈部《くまべ》一雄《かずお》は喜一郎の学生時代の印象を、雑誌『思想の科学』（一九六〇年二月号）に寄稿したエッセイ「国産自動車の生まれるまで」のなかで次のように書いている。

「はじめはあまり親しくなかったが、三年になって数名の者が共通の卒業実験を与えられ、それ以来急速に親しくなった。しかしその親しさは単に学問上からであって、私生活については まったく関係はなかった。しかしそのあいだにいろいろつき合ったりしてみると、

東京帝大時代。中列右から2番目が喜一郎。その右が抜山四郎、後列左端は小林秀雄、その右へ伊藤省吾。いずれも喜一郎の強い協力者となる

富士登山の山頂にて（大正8年8月14日）。後列左より強力、喜一郎、小林秀雄、堀内利正、伊藤省吾、前列左より田辺吉造の学友、抜山四郎

豊田君という人はきわめて特徴のある、口数の少ない、そしてどちらかというと学友とのつき合いもあまり行なわない、一種の変人であるという感じを受けた。（中略）豊田君は仙台の二高を出て、そのグループに私のクラスにも抜山君、それから伊藤君、小林君などがおり、そのあいだには私たちとはちがった意味の親しさがあったと思う。（後略）」

隈部は科学者らしく、実に率直に書いている。のちに、大学に残って東大工学部教授となった隈部は後年、喜一郎が自動車産業に乗り出すのに全面的に協力し、戦後の一時期はトヨタ自動車工業の副社長まで引き受けている。

実は喜一郎が戦後、トヨタ自動車工業の社長を辞任しなければならなくなった一因を隈部がつくるのだが、それはあとで詳しく触れる。隈部はいろいろあったあと、喜一郎の本質を知り、同じエッセイで次のように記している。

「（喜一郎の）謹厳《きんげん》寡黙《かもく》ということが、その天性からきているのであって、実際は寡黙ではない。黙すべからざるところでは実に雄弁で、相対した談話のときと、それからたくさんの聴衆を前にしたときとではまるで人間がちがうように思われることさえあった」

この文章からすると、喜一郎は衒《てら》いがまったくなく、自動車でいうとハンドルに遊びのない、レーシングカーのような人物が思い浮かぶ。そういうところは、佐吉譲りなのかもしれない。得てしてスケールの大きい人物ほど、幼少の頃は馬鹿に見えたり、変人に見えたりするものである。喜一郎がそのスケールの大きさを発揮するのは佐吉が亡くなってからで、この頃はまだ変人と見られていたわけだ。

【2】利三郎の役割、喜一郎の意志

利三郎に委ねられた経営

児玉利三郎が豊田愛子と結婚して豊田家に婿養子入りしたのは、大正四（一九一五）年十月であった。

この段階の豊田自働紡織工場の規模は紡機六千錘《すい》、織機二百台である。このほかに、次弟の平吉が名古屋城の西、現在の堀端《ほりばた》町で織布工場を経営し、末弟の佐助も菊井工場を経営していた。

なお戦後、トヨタ自工（トヨタ自動車工業）の製造部門の長としてトヨタを大発展させ、第二の創業者ともいえる豊田英二は大正二年九月十二日、平吉・なおの次男として堀端町で生まれている。英二も、六歳の時に母を病で亡くしている。偶然とはいえ、開発・製造の喜一郎、英二が母のない子で、営業・経営の利三郎、石田退三が父のない子だというのは妙な巡り合わせである。

利三郎が豊田自働紡織工場の経営に参画した頃は、第一次世界大戦が始まって一年と少しすぎた頃である。日英同盟を結んでいた日本もドイツに対して宣戦布告し、欧州列強の争いに乗じて中国におけるドイツの権益を割譲させるとともに、輸出の拡大という典型的な漁夫の利《ぎょふのり》を得ようとしていた。それが明治政府が進めてきた社会インフラの近代化と相まって、大正四年末から大戦景気といわれる未曾有《みぞう》の好景気に繋がっていく。

なかでも、大発展したのが日本の繊維産業である。それまで世界の繊維市場を支配していたイギリスの輸出が、戦争の影響で激減したからである。日本がそれにとって代わった。

そこで佐吉と利三郎は、この機会にさらに事業を発展させようと考え、豊田自働紡織工場を株式会社に改組《かいそ》することにした。

佐吉は、他人資本を入れて失敗した過去の轍《てつ》を踏まないよう、資本金五百万円のうち、一族以外からの出資は、古くからの後援者である藤野亀之助《ふじのかめのすけ》に限った。

役員は取締役社長が豊田佐吉、常務取締役に豊田利三郎、取締役・藤野亀之助、監査役・児玉一造である。藤野も児玉も三井物産の役員だが、それぞれ妻と一緒に株主となり、まったく個人として出資している。喜一郎の株はたったの五百株で、佐吉はこの時点ではまだ喜一郎を後継者としては考えていなくて、利三郎に経営を任せることを名実ともに明らかにしたのである。

こうして大正七（一九一八）年一月三十日、紡機三万四千錘、織機一千台、男女従業員約一千名の「豊田紡織株式会社」が誕生した。さらに同年三月、菊井紡織株式会社を設立。この会社は、会社成長の果実を従業員とともに分け合うという佐吉の意向で、末弟の佐助が経営の任にあたり、株を従業員にも取得させた。このほか、同年に次弟の平吉が個人で経営していた堀端町《ほりばたちょう》の織布工場を押切町《おしきりちょう》に移転し、豊田押切工場とした。また、末弟・佐助の経営している豊田織布菊井工場も健在で、豊田グループの各企業はこのあと、一斉に成長していく。

利三郎は社交的でゴルフなどスポーツも好み、人当たりのいい如才《じょさい》ない人柄だったといわれる。この点は喜一郎と好対照だが、仕事に取り組む姿勢は、佐吉が婿にと望んだだけあって俊敏でしかも積極果敢、自ら労を厭《いと》わず飛び回る仕事師だった。特に海外市場の開拓には熱心で、中国、東南アジア、インドまで自ら出かけて販路を拡大した。また、内外の市場分析にも長《た》けていて、糸や綿布の先物取引で巨額の利益を上げ始める。

経営が順調な豊田紡織を完全に利三郎に任せると、佐吉は中国進出を考えた。

大正七年十月に中国各地を回って調査すると、翌年十月に西川秋次《にしかわあきじ》とともに再び上海に渡り、紡績工場の建設に取りかかった。この頃、日本の他の紡績業者も中国に一斉に進出している。第一次世界大戦による好況で進出できるだけの資本を蓄積したのと、中国政府が日本の綿糸に高関税をかけようとしていたからである。

佐助

平吉

豊田紡織株式会社の建物

上海の紡織工場建設から一年後の大正十年十一月、事業が軌道に乗り、個人経営の工場を「株式会社豊田紡織廠《しょう》」と改組。社長には佐吉がなり、西川秋次を取締役として経営実務を任せた。そして佐吉は、日本から日蓮宗の高僧を招いて中国人従業員に講話を聞かせたりする一方で、環状織機の発明に専心した。

佐吉が上海での事業に莫大な投資を行なうことができたのは、利三郎が本体の経営で凄《すご》腕《うで》を発揮して稼いでいたからだった。どのくらいの稼ぎぶりかというと、大正九年三月期決算では一挙に年十割、百五十万円の株主配当を行なった。もっとも、これは未払いとなっていた株式出資金に充当したので、資金を外に出したわけではない。

が、利三郎の能力が本当に試されたのはその直後、同年三月十五日の大暴落で始まった戦後恐慌である。

この恐慌では倒産企業が続出した。

利三郎は、大暴落になる前にいち早く先物取引を手じまいして、その後は深刻な不況になることを察知して慎重経営に切り替え、手堅くこの不況を切り抜けた。佐吉が上海で新たな事業を興すことができたのも、利三郎が本体の経営を上手に行なっていたからである。

喜一郎の意志

喜一郎も、すでに自分の役割を意識して着々と準備を進め、変身を始めていた。

大正九（一九二〇）年七月に東京帝国大学機械工学科を卒業した喜一郎は、なんと引き続き法学部で聴講するのである。これは、佐吉が喜一郎を認め、自分のあとを継がせるために指示したものと思われる。

喜一郎自身は、東大の機械工学科に入学したときから、いずれは父の目標である自動織機生産に身を投じようと決意していたはずだ。だから機構学、機械工作法、紡績織布、さらに金属材料、冶金《やきん》学、電気工学、熱力学、数学などを熱心に勉強したのだ。

24歳頃の喜一郎

三年生になってからの実習には、それまでにもまして意欲的に取り組んだ。特に、神戸製鋼所における鋳物工場での実習については、大学ノート百ページにもなる「神戸製鋼所に於ける実習日記」を作成している。それによると、鋳物工場で実際に朝六時半から工場に出て、紡績機械の歯車などを製造している。鋳物以外にも、旋盤《せんばん》を使ったり分解して、その構造を研究したりした。

この旋盤を分解しているときに、喜一郎がどんどん分解してしまうので、一緒にやっていた抜山が「注意してやらないとあとで組み立てられなくなる」と苦情をいった。ところが、喜一郎は複雑な旋盤を難なく元のとおりに組み立てたという。

喜一郎は神戸製鋼だけでなく、大阪鉄工所造船部、住友鋳鋼所《ちゅうこうしょ》、三菱造船神戸造船所、宇治川《うじがわ》電気、川崎造船所兵庫工場、大阪砲兵工廠《こうしょう》とその自動車工場を熱心に見学し、さらに和歌山紡績、岸和田紡績なども見て回った。これらの実習と見学によって、喜一郎は日本の機械製造と紡績業の水準をおおよそ把握したと考えられる。

そして実習を終えると、大正九年の年明けから卒論に取りかかった。テーマは工場の原動機に関する研究であった。

このとき、佐吉は上海の紡績工場を建設中であったが、恩人の藤野亀之助が危篤となり急遽《きゅうきょ》、帰国。喜一郎も正月で帰郷していて、久しぶりで親子の対面となった。ここで二人は、上海の紡績工場の動力について話し合い、喜一郎はそれをきっかけに卒論を書き上げる。そして同年七月、喜一郎は工学士となる。

しかし喜一郎にとっては、それは大学の卒論というよりも、旧制高校への進学を反対した父・佐吉に、自分の努力と能力を示す卒業論文の意味合いが強かったのではあるまいか。

なぜなら、卒論のタイトルが「上海紡績工場原動所設計書」なのである。普通なら、もう少し学問的というか普遍的なテーマを選ぶはずだ。これでは、佐吉に向けた論文としか思えない。

喜一郎に厳しかった佐吉も、これで喜一郎の努力と能力を認め、紡績工場の経営をやらせようと、法学部で法律や経済を学ぶことを指示したと理解できる。

晴れて父に認められた喜一郎は、憲法、民法、社会学、会計学、商法などの授業に出席するかたわら、田舎から親戚や知人が上京すると積極的に東京見物の案内をしたり、食事をしたりしている。

そして、大正十年三月末に東京の下宿を引き払って名古屋に戻り、豊田紡織に入社する。

喜一郎は帰郷する直前に人相を見てもらい、こんなことを日記に書き付けている。

「(三月)十三　日　上野ノ人相見石瀧ニ見テモラウ、二十三ヨリ二十五マデ苦心シタ丈ニコレカラ運ガムク、洋行スル、何事モ突進セヨ、人ノ出来ナイ事ガ出来ウル天運ヲ有ス親ト意見ノアワザル事アリ、実業家トシテ成功ス　但シ銀行及保険悪シ、頭脳明セキニテチミツナリ　結婚ハ三十ニナル(十八才ノモノトヨシ)」(『豊田喜一郎伝』)

そしてこの占いは、結婚以外は恐ろしいほど当たるのである。

【3】後継者への曲折した道程

技術者の「秘伝」の実体

喜一郎は大正十（一九二一）年四月から豊田紡織に出社した。日記によると、引っ越し荷物を工場に運び込み、従業員と同じように工場の二階に寝泊まりし始めている。

朝、従業員とともに工場が用意した朝食をとり、八時には工場に出る。朝食は一汁一菜《いちじゅういっさい》、飯と大根下ろしは食べ放題だ。なぜ大根下ろしか。これは佐吉が訪米した折、大根からタカジアスターゼを発見した高峰譲吉《たかみねじょうきち》博士と会談し、感銘を受けたからである。

さて、大根下ろしで腹をいっぱいにした喜一郎は、紡績工場に出る。紡績は進出してまだ七年あまり、そこで佐吉は、若い喜一郎にまず紡績の知識を付けさせることにしたのだ。

ところが、紡績工場で働く社員たちは、喜一郎に対して何かよそよそしい。工場を管理しているのは、鐘淵《かねがふち》紡績など大工場から移籍した技術者で、プライドが高い。

喜一郎は、その当時の模様を以下のように記した。

紡績の方は父も知らなかつたので外部からこれならばという技術者を雇って来てやらして見てはいるが、父の目から見ると何となく不安であつた。その当時の紡績の技術者はなか〳〵見識が高くて工場主の父でさえも手こずつた。私などが学校を卒業して工場に入つてもなか〳〵教えて呉れぬ。

工場主の息子であるという意味もあつて敬遠主義をとられ、機械に触ることさえも許されなかつた。そこで父はます〳〵躍起になつて紡績をやれといつていた。幸いにして西洋人が来て一年間みっしり教えて呉れた。段々教わつて見ると今迄の技術者が秘伝のようにしていたことが大したことで無い事が判つた。（『豊田喜一郎文書集成』所収「自動織機生い立ちの記」）

西洋人の先生を雇って教えてもらい、初めて〝専門知識〟を振り回す紡績技術者に対抗できるようになったという。それでよい綿糸ができるようになり、自動織機の研究が捗《はかど》るようになるのだが、その前に、喜一郎の長期欧米視察旅行に触れておかねばならない。「洋行スル」という占いが、さっそく当たったのである。

海外視察旅行の目的は何か

喜一郎と利三郎夫妻は大正十年七月二十九日、横浜から東洋汽船の豪華客船、春洋丸《しんようまる》に乗り込んでアメリカに向かった。

これまでも喜一郎が欧米旅行に出かけたことは知られていたが、どこを訪ねて何をしたかということは明らかになっていなかった。それが前出の『豊田喜一郎伝』で明らかにされた。

それによると、サンフランシスコに到着したのが八月十四日。そこからは鉄道で北米大陸を横断してニューヨークに。途中、ハリウッドやグランドキャニオン、ダラスの紡績工場などを見学。行く先々で三井物産や東洋綿花の駐在員が世話をして、主な観光スポットを案内している。

一行が、とくに工場などを熱心に視察した記録はない。また、喜一郎の遺した写真では、ニューヨークの高層ビルを写したものが印象的だが、自動車については、とくに被写体とはしていない。この時点では、まだ自動車に特別興味を持っていたとはいえないようだ。

アメリカは物見遊山《ものみゆさん》でよかったのではなかろうか。実は喜一郎と利三郎は、この旅行まで親しく接する時間がほとんどなく、この旅行の目的の一つは両者の相互理解にあったと思われるからだ。

利三郎は営業マンで如才なく、スポーツも得意で人付き合いもよかった。ところが、会社に帰ってくるとピリピリしたところがあり、社内では怖がられていた。そういう一面はあるにしろ、根は真面目で責任感が強く、判断も正確な人物だった。

ニューヨークのホテルで。利三郎・愛子夫妻と喜一郎（右）

一方、喜一郎は無口で運動は不得意、誠実で真《しん》摯《し》な人柄だが、人付き合いは苦手で面白い話などは全然しない。いかにも取っつきが悪く、人柄の良さがわかるまで時間がかかる。

つまり、豊田グループを背負う二人がちょっとした行き違いで不仲になっては大変ということで、佐吉夫妻と児玉一造が、お互いよく知るようにと三人を送り出したのだ。だからアメリカは物見遊山で、互いに共有できる時間が持てればいいのである。

利三郎と喜一郎は約半年、一緒に欧米を旅行した。いやでも見聞した印象を語り合い、世界の経済状況や日本の産業の発展段階、繊維業界などについて議論を重ねただろう。その過程で、自然とお互いの考えや性格を呑み込んだことだろう。もしこの共通体験がなければ、のちに自動車産業進出で紛糾したときに、豊田グループは空中分解していたかもしれない。

大正十一年一月、一行はイギリスに渡るが、ここで喜一郎と利三郎夫妻は別行動をとる。喜一郎には別に、イギリスでの工場見学というテーマが与えられていたからである。

喜一郎は一月十五日に一人、マンチェスターに宿を取り、翌日、汽車で二時間ほど離れたオールダムという町にあるプラット・ブラザーズ社（以下、プラット社）を訪ねた。プラット社は、紡績機や織機など繊維関係の機械製造では世界トップの企業だった。

喜一郎は三井物産の紹介で、工場見学の許可を得ていた。見学といっても、一日や二日ではない。プラット社の近くに下宿し、一カ月近く滞在して徹底的に見学している。そしてここでも、大学時代と同じように実習ノートともいうべき日誌を遺している。

喜一郎は職工と同じように、毎朝八時半にプラット社の工場に出勤し、五時に終業となるまで各部署を見学、下宿に戻ると日誌をつけるだけでなく、購入した機械工学の本で勉強した。このとき、紡績機の研究だけでなく、自動織機の文献も集めて研究している。

一体、何のためにこれほど熱心に、しかも時間をかけて〝見学〟したのか。

佐吉は「喜一郎は紡績をやれ」と公言していたわけだが、それだけならプラット社の鋳物工場まで綿密に調べる必要はない。機械組立の手順、部品置き場のレイアウトまで調べる必要はない。喜一郎は明らかに、機械製造技術を学ぼうとしている。

ボストンへ向かう途次。右から2人目より利三郎、愛子、喜一郎

理由は、繊維関係の機械製造に乗り出すからである。佐吉が「喜一郎は紡績をやれ」というのは「紡績工場をやれ」といっていただけではなく、「紡績機械を研究してつくれ」といっていたのだ。佐吉の真の目的は、日本から外国製の機械を駆逐することであるから、当然といえば当然である。

喜一郎が何という名目で見学を願い出たのかわからないが、プラット社もとんでもない人物に工場を見せてしまったものである。ま、この時点では、東洋の若者が工場で何を見ようがライバルになどなるわけがない、と高《たか》を括《くく》っていたのだろうが。

面白いのは、喜一郎がこの時点で、すでに作業現場のレイアウトからくる無駄を指摘していることだ。『豊田喜一郎伝』で、著者の一人である和田一夫は、日誌から次のような記述を引用している。

「組立テノ大部分ハ、スリアハセデアルガ、組立室ノ周囲ニ、バイス（万力《まんりき》）ヤ、ナニカガアルカラ、一々ソコマデ行ッテ、ヤスリヲカケテfitting（組み合わせる部品同士を摺り合わせて円滑に組み合わせ）スルモノヲ、ナホシテ、又、組立テノ所マデ来テfitシテミル」

要するに、ヤスリと万力などは近くに置いておけばいいのに、ということである。では、なぜそうしないのか。

喜一郎はプラット社の職工の報酬を調べ、「不平ヲ云フ可《べ》キ賃金デハナイトノ事デアル」と日誌に記している。そこから和田は、喜一郎が労働者のインセンティブに問題があると気づいていたと解釈している。つまり、給料がそこそこでそれ以上は増えないなら仕事は楽なほうがいいわけで、わざわざ改良などしない、ということである。

それなら、経営者が指示してもっと能率の上がる配置にすればいいと考えられるが、それがなかなかできないのである。当時は鋳物や機械加工の技術も十分ではないので、部品を組み立てればすぐ設計どおりの性能で作動することは期待できなかった。したがって、ヤスリを使って「スリアハセ」する職人の技術が最後の詰めで重要になり、そういう技術を持つ職人たちの作業手順に、経営者も口を出せない状況があったのだ。

喜一郎は、紡績工場で自分を敬遠する技術者たちの態度に接していたので、イギリスにも似たようなことがあると鋭敏に感じ取ったのかもしれない。

当時、世界最高とされた繊維機械メーカーのプラット社でもいろいろ改善する余地があることを知り、喜一郎は大きな自信と期待を抱いて、この年の四月、箱根丸で帰国した。

一目置かせるようになった喜一郎

帰国した喜一郎は、さっそく豊田紡織株式会社の紡績工場に出勤した。ところが、紡績工場を仕切る技術者たちは、相変わらず喜一郎を寄せつけない。そんな社員はクビにすればいいと読者は思うかもしれないが、クビにしたら紡績工場の運転に支障が出る。

しかしそれにしても、紡績工場の技術者たちは一体、何を隠そうとしていたのだろうか。『豊田喜一郎伝』によると、それは鐘紡（現在のカネボウ）の「標準方式」だという。鐘紡は大正のはじめに、「科学的操業法」に取り組んだ。当時、鐘紡には綿業関係だけでも全国に十五工場もあり、作業を標準化して一定の品質を保つために、工場における作業員の作業マニュアルをつくり、それを守るように指導したのである。鐘紡出身の技術者たちは、この作業マニュアルを自分たちの秘伝とし、隠していたのだ。よくあることではあるが、ただのマニュアルを自ら金科玉条《きんかぎょくじょう》のように盲信してしまうと進歩が止まってしまう。

喜一郎は、わざわざ「自動織機生い立ちの記」で、自動織機の経糸《たていと》止め装置の試験運転のときの例を引いて、これを戒めた。以下がその一文である。

織布工場主任にそれ（経糸止め装置）をつけさして実験して見た。糸が切れても織機が止る事もあれば止らぬ事もあるという報告である。そんな筈は無いと思つて調べて見たら、機械の調子の出し方が間違つているように思われたので、それを詰《な》じると主任は、鐘紡で多年研究した結果調整標準方式を決定し、それを教わつて来てその通りやつているから間違いではないと頑張つている。「織機は豊田が本家か、鐘紡が本家か良く考えて呉れ。豊田にいるものがそんな事をいつていてどうする」

そこで鈴木さんと立会いの上で標準方式を変えさせた。子供の時知らず知らずに覚えた技術（織機の調子の出し方）がこんな時に役立つた。紡績の技術者が秘密にしていた標準方式がこの秘伝であつた。理屈を考えずにたゞ先輩から受けついだ標準方式を、金科玉条の如くに考えて虎の子の様に秘密にして頑張つている技術者が往々にしてある。いつの間にか豊田にもそういう技術者がいたのには驚いた。

こういう人に試験を委託するとんでもない失敗を演ずる。父が三年以上の実地の経験を経ずして設計するものでは無いといっていたが成程《なるほど》だと思つた。

相当怒っている。紡績工場で鐘紡出身の技術者の秘伝に苦しめられたところに、豊田が本家のはずの織機の技術者にも鐘紡の標準方式を持ち出されたので頭にきたのだろう。しかし、怒っているのはそれだけが理由ではない。喜一郎は、ものを考えない人間が嫌いなのである。きわめて大事な実験を頼んだのに、「止る事もあれば止らぬ事もある」などという要領を得ない報告をする。どういうときに止まってどういうときに止まらないのか、それすら観察していない。しかも、人の意見を聞こうともしない。

この織布工場主任がその後、無事では済まなかったに違いない。

なお引用文中、標準方式を変えさせるうえで立会いを求めた鈴木さんというのは、鈴木利蔵のこと。織布工場の長であり、大島理三郎とともに佐吉の信頼厚い技術者で、発明の片腕でもある。

先に喜一郎自身の引用文に出てきた西洋人というのは、第一次世界大戦で納入が遅れていたアメリカ製の紡機が大正十一年の春になって到着し、そのメーカーから技術者が取り扱いの指導に派遣されてきたのである。ちょうど喜一郎が欧米視察から帰国した頃だ。喜一郎はかなり英語ができたので、通訳も兼ねて、ちょうどよかったのではなかろうか。

喜一郎はアメリカ人から最先端の紡機の運転とメンテナンス法、および紡績工場全体の運営方法を学び、一方、織機についても佐吉譲りの鋭い観察力とカンで問題点を指摘する。そうなると、喜一郎を敬遠した技術者たちも一目置かざるを得ない。この頃には、喜一郎は「若」とか、「キー」さんとか呼ばれるようになっていた。

同じ大正十一年十二月、喜一郎は結婚した。相手は京都の呉服商、飯田高島屋四代目飯《いい》田新七《だしんしち》の三女、飯田二十子《はたこ》である。

二十子という名前の由来は、一九〇一年一月十四日生まれで二十世紀のはじめに生まれたからとのこと。つまり、喜一郎の六つ年下で、喜一郎は二十八歳、二十子は間もなく二十二歳になろうとしていて、占いは外れた。

仲人《なこうど》は利三郎の兄、児玉一造。児玉は、仕事以外は仲人が趣味というほど結婚の世話をした人物で、かねてから喜一郎の相手を吟味していたのだろう。

佐吉、遂に息子の能力を認める

喜一郎が実質的に豊田紡織で働き始めた大正十一年の豊田紡織は、自動織機完成に向けて佐吉以下、全社一丸、着々と準備を進めている頃だった。それが完成すれば、次はいよいよ自前の織機製造だ。

だが、本格的に織機製造を始めるとなると厄介な問題が控えていた。豊田式織機との間で揉《も》めている特許絡《がら》みの問題だ。また鋳物や機械工など、高度な技術を持った職人をどうするか、これも無理に集めれば引き抜きなど紛争となりかねない。

そういうこともあって、佐吉は極力自前の技術者を育てる方針であった。その第一世代が豊田式織機設立前後に採用し、同社を辞めて佐吉についてきた鈴木利蔵、大島理三郎だとすると、第二世代が大正十一年四月に採用された河原潤次《かわはらじゅんじ》らである。この年は高等工業卒業者二名、県立工業卒業者二名が採用され、六カ月間の実習のあと、長野県立長野工業学校の第一回卒業生である河原が、佐吉の研究室の助手として選ばれた。

研究室は、経糸《たていと》切断自動停止装置、杼換《ひがえ》装置、その他改良部品などの試作工場で、大島理三郎が仕切っている。試作品を実際の織布工場の織機に取り付けて試し、改良を加えるのが織布工場長の鈴木利蔵だ。

試作工場には五、六人の職工がいて、河原は大島の隣りに席をもらい、製図を引くほか、木型工場への依頼や鋳造品の外注など、試作部品の製作進行を担当した。

佐吉が上海から帰っているときは、いつも鈴木と大島を引き連れ、工場で自分であれこれ試していたという。

このような佐吉を中心にできあがった緊密な自動織機発明チームには、喜一郎といえども簡単には入っていけなかっただろう。しかも、当の佐吉自身が「お前は紡績をやれ」といって、自動織機の発明チームに入れようとしないのだ。佐吉の喜一郎に対する態度は、まるで次から次へと高いハードルを仕掛けて鍛えているような感じである。

結局、喜一郎は佐吉に黙って自動織機の研究を始めてしまうのだが、佐吉に逆らったことのない喜一郎にしては異例のことである。

そのきっかけについて喜一郎は、「自動織機生い立ちの記」で次のように書いている。

「糸が良くなつたので鈴木さんが今度は自動織機の研究をしようではないかといい出した。(中略)父はその当時ほとんど上海へ行き切りで留守だつたので、父には黙つてはじめた。父が上海から帰つて来て私が設計をしていたので大変怒られた。私にはそれよりも紡績をやれというのである。父が上海へ行つて留守になると鈴木さんがなにかまうものかまたはじめようではないかといい出す。それでまたはじめる。帰るという電報がくると中止する。経糸止め装置は簡単なものだから判らないように研究をつづけられた」

佐吉としては、喜一郎に発明をやっていくだけの能力と気力があるなら継がせたいと思っていただろう。しかし生半可《なまはんか》な気持ちでやれば、自分が嘗《な》めた以上の苦しみを嘗めることになる。自分の息子だからといってできるものではないし、学校を出て何か教わったたくらいでやれると思ったらとんでもない。本気でやるなら、工場で一から油まみれになって機械とつき合ってからでなくてはダメだ。それこそ、寝る間も惜しんで試作、テスト、試作、テストで一緒に頑張ってきた部下たちの手前、息子だからと甘い顔はできん……。

鈴木は、喜一郎の素質と知識が豊田に必要であると佐吉に説明していたはずだが、親だからこそ、息子の能力がいまひとつ信用できないという面があったのかもしれない。

しかし、そんな佐吉もついに、喜一郎の能力を認めるときがきた。

父に内緒で自動織機の発明にとりかかって間もない、大正十二年の夏であった。暑さも忘れて喜一郎が一所懸命に設計をしていると、耳のそばで「ウーン」という声がした。喜一郎が誰だと思って振り向くと、そこにはいつの間にか上海から戻った佐吉がいて、背後から喜一郎の設計図を見ていたのである。しまったと思ったが、もう遅かった。

喜一郎は、叱られると覚悟した。ところが、佐吉は穏やかにこういったのである。

「その設計もなか〳〵面白そうだ。お前もこういうことが好きだな。鈴木もあゝいうから自動織機の研究をやりたかつたらやつてもよい。しかし紡績の方をおろそかにしてはいかんぞ」

喜一郎はこの時の喜びを、「これでやつと肩の荷が降りたよう気がした」と、「自動織機生い立ちの記」で記している。父に褒められて大喜びというのではなく、認められて安堵《あんど》したのだ。

公然と自動織機の研究をすることを許された喜一郎は、佐吉が以前、試作した自動織機を参考にして同じものを三台つくり、試運転をしながら改良を重ねた。

佐吉は、それを見て非常に喜んだという。自動織機の開発を通じて、父と子の間に長年横たわっていた溝が、急速に埋まっていった。そしてこれを機に、喜一郎は佐吉譲りのいったんこうと決めたらテコでも譲らぬ頑固さと度胸のよさを見せ始めるのである。

第3章

紡織業から機械メーカーへの転進

【1】織機メーカーへ変身の奇貨

関東大震災がもたらした自動車産業の転機

大正十一（一九二二）年から十五年は、自動織機の発明と製品化の仕上げの時期である。喜一郎たちは、大規模試験工場用の土地十万坪を刈谷町《かりや》（現在は市）に求め、二百台の織機を据え付ける予定で、刈谷試験工場建設の準備を順調に進めた。

が、好事魔多し。思いがけない椿事《ちんじ》が起きる。

大正十二年九月一日、特許申請のために東京に出張していた喜一郎が関東大震災に遭い、一時、行方不明になるのである。死者約二十万人、焼失家屋約四十万戸。想像を絶する被害だ。

先に第二世代の技術者と書いた河原潤次《かわはらじゅんじ》が残した『メキシコまで―河原潤次自伝』（私家版）によると、「豊田家の皆様をはじめ、会社幹部の方々のご心痛は一方ならぬものであったが、九月四日夕方着のみ着のままで、中央線回りで無事帰ってこられたので、一同愁眉《しゅうび》をひらいた」そうだ。

実は関東大震災は、日本の自動車発達史に重要な契機を与えている。この地震がなければ、日本の自動車産業の誕生は何十年も遅れたかもしれない。

震災で、それまで都内の重要な交通機関であった市電がほとんど焼けてしまった。東京都はT型フォード・トラックのシャシーを八百台緊急輸入し、屋根と椅子だけの車体を載せて、乗合バスに仕立てて走らせた。これが非常に役に立ち、自動車の有用性が広く認識され、以後、急速に自動車の輸入が増えるのである。

そして輸入の急増を見た米フォード社は、日本に自動車のマーケットがあると気づき、大正十四年二月に日本フォード社を横浜に設立し、三月からT型フォードの組立を開始する。フォードに二年遅れて昭和二（一九二七）年一月、GMも日本ゼネラルモータース社を大阪に設立、組立を始めたのである。

なお、喜一郎が関東大震災に遭遇したまさにそのとき、東大の同窓生で鉄道省のバス関係を担当していた小林秀雄《こばやしひでお》と自動車の話をしていた最中であった、というエピソードも残っている。ただ、喜一郎はまだこの頃は自動織機の発明に集中していた頃で、自動車どころではなかった。とくに刈谷試験工場が完成間近であるし、その試験用の織機調達をめぐって、豊田式織機との間で特許権問題が抜き差しならぬ状況となっていたのだ。好事魔多しの〝魔〟は、むしろこちらのほうである。

豊田式織機との決裂

豊田紡織は研究室に鉄工部を持ち、さまざまな装置の試作品をつくることはできた。が、織機本体のフレームをつくるには鋳造《ちゆうぞう》設備が必要で、そこまではできなかった。織機をつくれるのは、豊田式織機株式会社である。

佐吉は豊田式織機を辞職したあとも、織機本体を購入するときは同社から購入していた。そして、刈谷試験工場に据え付ける予定の五百台のうち、第一段階の二百台の織機本体を豊田式織機に注文した。問題は、それを豊田式織機が拒否したことから表面化した。

折から、「自動杼換《ひがえ》装置」に関する特許の期限が切れる時期(大正十三年九月)が迫っていた。佐吉は改めて特許権継続の申請をしたが、同時に豊田式織機に対し、二百台の織機注文と合わせて、特許権に関する考えを申し入れた。

これに対し、豊田式織機は特許権の名義書換えを求めてきた。豊田式織機の設立時に、佐吉が「特許譲渡契約」を当時の経営陣に求められるままに結んでしまい、この「契約」をタテに特許権の譲渡を求めてきたのである。

佐吉はこれを拒否したが、豊田式織機も引き下がらなかった。特許権を返してしまったら、佐吉が自分で新型自動織機の製造に乗り出し、強大なライバルになりかねないからである。当然、二百台の織機の注文を受けるどころではなくなった。

一方、自動化装置を取り付ける織機を調達できなくなった佐吉は、本格的な自動織機の営業試験が不可能になるという大ピンチに立たされた。そこから先に進もうとすれば、自分たちで織機本体をつくらねばならない。

特許問題は、係争となっている特許に抵触しない技術を新たに開発し、喜一郎の名義にすればよい。だが、一から織機製作工場の建設に取り組んでいたのでは、新しい特許の開発自体が大幅に遅れてしまう。ところが、まるでこういう事態を予期していたかのように、一人の男が大正十二年に鋳物《いもの》工場を立ち上げていたのである。その人物は久保田長太郎。豊田式織機の鋳造主任である。

久保田はもともと佐吉の部下だったが、佐吉が豊田式織機を辞任したときには豊田式織機に残った。ただ、佐吉に対する敬愛の念はきわめて厚く、佐吉が一声かければいつでも馳《は》せ参じるつもりだったようである。

久保田は名古屋市西区浄心《じょうしん》町に久保田鋳造所を設立し、大正十二年十一月から営業を始めていたが、佐吉の窮状を知ると、自分の工場を捨て置いて、佐吉の借りた鋳物工場で一年近く織機製造の先頭に立つ。

久保田は独立したのだから、引き抜きではない。しかし、豊田式織機の側から見てみれば、久保田の独立のタイミングといい、佐吉に対する素早い協力といい、釈然としないものを感じたことだろう。豊田式織機が、十五年前の「特許譲渡契約」をタテに佐吉の動きを牽制《けんせい》してきたのは、企業防衛としてはある意味で当然かもしれない。

佐吉の豊田式織機に対する最初の申し入れがどんなものだったかわからないのだが、喜一郎の「自動織機生い立ちの記」のなかの「特許権の問題」と題された一節から、そのあたりを少し窺《うかが》い知ることができる。


早速ある人を介して豊田式織機株式会社でこれを二百台作らせて、本式の試験をして見たいと申込んだ。豊田式織機株式会社は以前に豊田佐吉の発明をもととして創立された会社で、(佐吉は)そこで自動織機を研究していたが、業績が上らないという理由のもとに退職する事となつた。その後数年間絶縁していた会社である。二百台の試作費を豊田式織機株式会社と半々に持とうという申込みをして見たが、その当時自動織機などというものは誰も見むきもしない時代であつたので、剣もほろろの挨拶であつた。

あまつさえその特許権は豊田佐吉から数年前豊田式織機株式会社に移されたもので当

社の所有権であると主張して来た。根本特許はそうであるとしても附加特許が相当にある事と、研究費もこちらで持つたから、そこを折合つて部下三人すなわち鈴木、大島と、喜一郎との顔の立つように折合つてくれと話を進めたが、先方ではこんなものは売れぬという先入観があるから折合わない。

その上にその特許権をこちらには絶対に渡さないという態度をとつたので、父が中間に入つて非常に苦しい立場になつた。

しかしこの場合にわれ〳〵は別にあわてもしなかつた。それというのは三〇台の試作研究中にいろ〳〵な案があっていろ〳〵やつて見た結果、旧特許の二段作用による杼替装置より新考案による一段作用の杼替《ひがえ》方法の方が優秀であるという結果をつかんでいたからである。

珍しく喜一郎の気持ちが出ている文章なので、ちょっと長く引用した。豊田式織機に対しては相当の反感を持っている。父親に苦汁《くじゅう》を嘗《な》めさせた会社であるから、子供としては当然だ。がしかし、当の佐吉自身は、手塩にかけて育てた部下たちも大勢残っていたこともあり、経営陣に対してはともかく、製造現場に対しては愛着を持ち続けていたようである。

『豊田佐吉伝』に収録されている久保田長太郎の回顧談によると、久保田は豊田式織機にいるときも、技師長や工場長に連れられて何度も佐吉に相談を持ちかけている。豊田式織機の側にも、佐吉を師と仰ぐ社員が大勢残っていたのである。

そういうこともあって、佐吉はできることなら双方協力して自動織機をつくって欲しいと申し入れたのだろう。しかし喜一郎たちはむしろ、断られても結構、織機製造は望むところ、という気持ちだったのではあるまいか。なぜなら、豊田式織機と決裂したあと、佐吉の部下たちの志気がきわめて高まったからである。

自動織機ついに完成

大正十三年十月中旬、豊田式織機との決裂で苦境に陥《おちい》った佐吉は、部下を集めてそれまでのいきさつと現在の窮状を説明し、全員の奮起を促《うなが》した。

「試験費ナドハ問題ニ非ズ。何程カカッテモヨイカラ発明セヨ」(『発明私記』)

佐吉の檄《げき》に応えて、部下たちは昼夜を分かたず試作品をつくってはテストを繰り返し、わずか二カ月のうちに次々と新しい発明を生み出した。新技術の数は十数種にのぼった。なかでも特許六五一五六号として登録された「杼換式自動織機」は、高速運転中も少しもスピードを落とすことなく円滑に杼を交換する画期的なもので、後年、英国のプラット社の技術者から「マジックルーム」と呼ばれた。

そして織機の発明を志してから三十六年、ついに実用可能な自動織機「無停止杼換式豊田自動織機」、いわゆる「豊田G型」を完成させた。

佐吉はその感激を次のように記している。

「子弟ノ協力一致、義《ギ》憤慷慨《フンコウガイ》一団トナリテ活躍シ、コノ大事業ヲ成就セシメタルコト実ニ嬉シクモ頼《タノ》母《モ》シクモアリ、亦《マタ》驚嘆セザルヲ得ザリキ。吁《アア》、黙シテ答ヘザリシ部下ハ、今ヤ口ニテ答ヘズ、実物ヲ以テ答ヘタルナリ。予ハ啻《タダ》感謝スルノミ」(『発明私記』)

ついに完成した無停止杼換式豊田自動織機（豊田G型）

このあと佐吉は、豊田式織機株式会社を辞任してから十四年ぶりに待望の自動織機の製作に乗り出すのだが、その過程で喜一郎は、彼のスケールの大きさが発明だけに留まらないことを証明していくのである。

【2】世代交代を告げた自動織機製作所誕生

父から学んだ手法と姿勢

佐吉の織機製作は、すぐ始まった。織機の製作に適した鉄工所がちょうど空いていたのである。これは、佐吉の同郷の野末作蔵が名古屋市の日置町《ひおきちょう》に所有していた鉄工場で、何と豊田式織機株式会社に貸していたのが、大正十二（一九二三）年に返却されていたのだ。

佐吉はこの鉄工場を借り受けることにした。だが、その鉄工場には鋳物《いもの》設備がなかった。しかし、これにも格好の人物がいた。前に触れた久保田長太郎である。佐吉が日置工場で鋳物をやってくれと依頼すると、久保田はこのときこそ、と自分の工場の鋳物職人の半分を引き連れて日置工場で働きだした。鋳物設備の完成から職人の教育、自動織機をつくる手順まで研究して、佐吉の恩に報いたのである。

大正十四年から十五年にかけて、佐吉、利三郎、喜一郎はいくつもの大きな計画を同時進行で進めている。

まず、日置工場での織機製作を大急ぎでやらねばならない。同時に刈谷の試験工場では、自動織機二百台による試験運転が続けられていた。さらに、この試験工場に紡機二万機を据え付ける工事も始まっていた。そのうえ、佐吉、利三郎たちは、刈谷に本格的な織機製作工場を建設するべく計画を進める。

二百台による試験運転と紡機の据え付けは喜一郎の指揮。日置工場における新自動織機の製造準備は佐吉と久保田。そして、本格的な織機製造会社の設立準備は利三郎。

鈴木利蔵と大島理三郎は、水戸黄門について回る助《すけ》さん格《かく》さんよろしく、佐吉について回ってどこにでも顔を出した。

日置工場で織機づくりが始まると、佐吉は陣頭指揮の本拠を日置工場に移した。この頃、佐吉と浅子は名古屋市白壁町《しらかべちょう》の利三郎・愛子夫妻の近くに住んでいた。喜一郎夫妻は同じ白壁町の三丁目に、一歳半の長女・百合子と大正十四年二月に生まれたばかりの長男・章《しょう》一郎《いちろう》の四人で住んでいた。

この時期、佐吉と喜一郎は互いに議論もし、お互いに働くところも見て深く理解したに違いない。そして大正十四年十一月、待望の無停止杼換式豊田自動織機の第一号が日置工場で完成したのである。

自己資本に踏み切る

喜一郎たちは、完成した自動織機を次々と刈谷試験工場に運んで据え付けた。この日置工場の生産能力は実に驚くべきもので、一年間で一千二百三台も生産している。

そのうち、最初にできた五百二十台を刈谷の試験工場に据え付けて試験運転を始める。次いで豊田紡織本社工場に五百二十台、菊井紡績百二十四台、豊田菊井織布工場に二十四台、そして鐘紡にも試験用に七台、販売した。

運転結果は、旧型の豊田式織機に自動化装置の部品だけつけて試験運転をしていたときと比較すると、その滑らかな作動において格段の違いがあった。

どうしてそれほど違うかというと、織機の機台の精度からして違うからである。これには、久保田が担当した鋳物技術が以前より向上したということが一つある。それから、喜一郎の設計が緻密だったこと。先の『湖西の生んだ偉人豊田佐吉』の座談会で、白井富次郎元豊田自動織機製作所常務・元湖西市長が、喜一郎の設計について語っている。

それによると喜一郎は、輸出用の織機の場合は、輸送時および現地の気温と湿度を調べて木材の歪《ゆが》みを計算して設計したという。織機というのは、筬《おさ》が前後にガチャガチャと動いて経糸《たていと》を交差させ、その間を杼が飛んで横糸を通して織物を織る。効率を上げるには、筬が前後に動くスピードを上げなければならない。当然、横糸を通す杼のスピードも上がる。このとき、織機全体の振動が激しくなったら杼が飛び出してしまう。杼換装置も経糸切断自動停止装置もきわめて精密な機械的な装置なので、振動や織機の歪みに影響されると正常に作動しなくなるのだ。

この点、大学で機械工学を学んできた知識が大きく貢献した。

喜一郎の知識は、織機の生産工程にも活かされた。大学時代に実習で製鉄所、造船所、砲兵工廠《こうしょう》の自動車工場などを綿密に観察し、その後はイギリスのプラット社で繊維機械の製造組立を実地に学んでいる。豊田式織機からかつての佐吉の部下たちが馳せ参じたとはいえ、喜一郎の広い見聞に基づいた工夫がなくては、一年間で一千二百三台もの自動織機を製造することは難しかったはずだ。

大正十五（一九二六）年一月、刈谷の試験工場に紡機二万錘が設置完了。折から、日置工場でつくられた新自動織機が次々と稼働する。新しい紡績機による高品質の綿糸が新自動織機の高性能をさらに引き出し、佐吉、利三郎、喜一郎は自信を深めた。

そして三月、試験工場を豊田紡織刈谷工場と改称し、自動織機の営業試験工場とした。一方、本格的な織機製作工場設立の準備も着々と進んでいた。

同年十一月十七日には、織機製作のための新会社の設立総会が豊田紡織の事務所で開かれた。新会社「株式会社豊田自動織機製作所」の代表取締役社長には豊田利三郎が就任。代表取締役常務には豊田喜一郎。取締役は西川秋次、鈴木利蔵、大島理三郎。監査役に豊田佐助、村野時哉、相談役に佐吉となった。

ついに佐吉は第一線から退いて、利三郎と喜一郎の若い世代に経営を任せることにし、自分は上海に戻ってライフワークの環状織機の発明に専念することにしたのである。

豊田自動織機製作所の誕生

豊田自動織機製作所は愛知県碧海《へきかい》郡刈谷町に、大正十五（一九二六）年十一月十八日に設立登記された。資本金は百万円。筆頭株主は、二万株のうち一万二千三百株を占める豊田紡織株式会社。次が豊田佐吉、豊田喜一郎、豊田利三郎、児玉一造の四名で一千株ずつ。そして豊田平吉、豊田佐助、藤野勝太郎（藤野亀之助の長男）、鈴木利蔵の四名が五百株ずつ。以下、西川秋次、大島理三郎が四百株、原口晃、犬飼貞吉、岡部岩太郎、村野時哉が二百株、石黒昌明が百株と続き、全部で十六名である。

鈴木、西川、大島、村野は豊田紡織の幹部社員である。監査役にもなった村野時哉は、経理担当で佐吉の番頭だ。のちに常務取締役となる原口は、汽車の製造会社としては大手の日本車輌製造株式会社元取締役支配人で、その経営手腕を評価され、総務・人事など経営全般の担当として佐吉や児玉にスカウトされた。岡部岩太郎は豊田式織機の設計部門の幹部で、佐吉の元部下である。

設立当時の豊田自動織機製作所

ともかく、まったくの独立資本で今回も設立することができたわけだ。この会社が、今日のトヨタ自動車の母体となった。

利三郎と喜一郎の役割分担は、利三郎が豊田グループ各社を率いる総帥として、財務、人事、渉外、営業を担当した。

喜一郎は、主として刈谷で織機製造と研究部門と織機の販売、メンテナンス、さらに刈谷の紡織工場を担当した。利三郎は名古屋にいてグループ全体を見ているので、刈谷で喜一郎が担当する事業の事務部門の統括者として、原口がスカウトされたのである。

こうして、佐吉、児玉が半ば退き、利三郎と喜一郎が豊田グループ経営の先頭に立った。

豊田自動織機製作所の大きな特徴は、発明研究を最初から課題としたことである。定款の第二条「会社ノ目的」のなかに、「一、紡績織布ニ関スル機械及其他《オヨビソノタ》ノ機械ヲ製造シ之《コレ》ヲ販売スルコト　一、右ニ関スル発明研究ヲナスコト」とある。

豊田紡織株式会社は、もともと発明資金を稼ぐための会社であったわけで、本来、この豊田自動織機製作所こそ、佐吉がつくりたかった会社ともいえる。定款に会社の目的として「発明研究ヲナスコト」と入っているのは、まさにその証明である。

肝心の工場は大正十五年の年末に、第一期工事として鉄工場、鋳物工場、木工場の三工場と事務所、寄宿舎など、しめて約二万四千坪が完成した。

鋳物工場の初吹きは、昭和二年四月十六日である。この初吹きに合わせるように上海から佐吉が帰国したのだが、長年の無理がたたったのか、軽い脳溢血《のういっけつ》の症状を呈して足が立たなくなった。利三郎、喜一郎に経営を完全に任せて約半年経ったところである。以後、佐吉は療養生活を送ることになる。

自動織機大ヒットの理由

豊田自動織機製作所は昭和二（一九二七）年六月、本格操業と同時にフル稼働に入った。日置工場から一千六百三十二台の受注残を受け継いでいたからである。ただし、その注文の大半は豊田系の工場からのものだったので、楽観はできなかった。

利三郎も喜一郎も、自動織機の売り込みには慎重に戦略を立てた。経済環境がきわめて悪化していたからである。昭和二年は一月に綿糸が暴落し、二月には織布工場の休業が全国に及んだ。さらに三月、金融恐慌が勃発《ぼっぱつ》、株式市場も暴落し、ついに隆盛を誇った総合商社・鈴木商店が破綻《はたん》した。景気は冷え切り、新たな設備投資など起こるはずもない状況だったのだ。

ところが予想に反して、一般に販売を開始すると非常な関心を呼び、引き合いが殺到したのである。実は、繊維関係者にはこの無停止杼換式豊田自動織機に関心を寄せざるを得ない事情があった。大正八（一九一九）年の国際労働会議で勧告された、女子年少者の深夜業禁止の猶予期間が残り少なくなって大正十五年七月に改正工場法が施行され、昭和四年七月から女子や年少者を深夜まで働かせることができなくなることが決定していたからである。

また、大正十四年七月に刊行された『女工哀史《じょこうあいし》』（細井和喜蔵《ほそいわきぞう》著）が話題を呼び、社会問題ともなって、紡織業者はまるで鬼のように見られ、経営者としても女子の夜業がやめられるものなら早くやめたいという気持ちも高まっていた。

しかし、女工による夜業をやめたら国際競争力が落ちる。そこで、本格的な自動織機が求められたのである。

利三郎と喜一郎は、織布工場経営者の関心がどこにあるのか良く理解していた。自分たちが織布工場を経営しているのであるから当然のことだが、二人が凄いのは、その関心に積極的にデータでもって答えたことである。

関心は二つある。一つは本当に自動織機が実用になるのか、ということ。もう一つは費用対効果、すなわち高い金を出して自動織機を買ってはたして利益が出るのか、である。

前者に対して、喜一郎は刈谷の営業工場を見せることにした。当時は同業者に自社の工場を見せることなど考えられない時代だったので、大きな反響を呼んだ。

なにしろ、最新鋭の設備をした工場が見られるのだから、業界関係者が見学に殺到した。喜一郎は、まず豊田自動織機製作所の製作現場で自動織機を見せたあと、隣接した豊田紡織刈谷工場に案内した。

高速の自動織機五百二十台が並ぶ工場には、女工が二十人しかいない。従来の織機だと、百七十人いなければ、そこら中で糸が切れて補充されないまま織機が動き続け、不良品の山になる。それが、百七十人どころかたった二十人で、問題なく五百二十台の織機を動かしている。なかには目の前の光景が信じられなくて、何かトリックがあるのではないか、と何度も執拗に見学にくる者もいたという。

費用対効果についても、喜一郎はそれまでの試験結果をもとに、従来の普通織機（一台二百二十円）一千台を採用した場合と自動織機（一台六百三十円）一千台を採用した場合の設備費と人件費を比較したデータを公表した。

それによると、普通織機は一人で三・三台しか操作できないのに対し、自動織機は一人で二十五台操作できるので、三百人必要な女工が四十人で済む。交替要員および女工以外の従業員も含めて、普通織機一千台の工場では所要人員が八百五十一人のところ、自動織機にすると百九十三人で済む。人件費は年間約三十一万円の節約。寄宿舎、食堂、事務所などを縮小できるので、その建設費や地代も約二十万円、削減できる。その結果、自動織機の値段は普通織機の約三倍だが、わずか八カ月で余計にかかった設備費を取り戻し、翌年からは三十一万円ずつ余計に利益が出る、と詳細なデータをつけて証明したのである。

実際に見事に自動織機が作動しているところを見せ、しかも詳細なデータで経済的有利性を示した結果どうなったか。なんと、営業開始第一期に四千台あまりの注文が入った。第二期にも二千台も注文が入った。

メーカーとしての社風の醸成

佐吉、喜一郎らの苦心の作である無停止杼換式豊田自動織機が市場から高い評価を得た頃、佐吉本人は体調を崩して療養生活に入っていた。

佐吉はヘビースモーカーであるだけでなく、大酒豪でもあった。そのせいか、血圧が高い。四月に軽い脳溢血を発して以後、回復するにしても常に再発の危険があり、仕事に戻ることは難しいと考えられた。

利三郎と喜一郎は、強烈なカリスマ性で求心力を発揮していた佐吉に頼れなくなる日を予期して新たな方針を四月に打ち出したのだが、まさかそのタイミングに合わせたかのように、佐吉が療養生活に入るとは思ってもみなかっただろう。

新しい方針は二つある。「工務員の心得」の制定と養成工の育成だ。

これまでの豊田の企業は紡織工場なので、従業員の大半は女子だった。男子は若干の技術者と営業、総務担当者などだったので、佐吉や佐吉の高弟の鈴木、大島、西川といった人々が日常接するなかで育てていけばよかった。ところが豊田自動織機製作所は、多くの専門技術を持った熟練工を組織的に働かせていかねばならない。

しかも常に新しい技術を取り入れ、従業員の技術を向上させねばならない。男子は一家の柱で家族を養う。簡単に解雇はできないし、当然、長期勤務を前提とする。嫁入り前の数年間だけ働く女子とは、まるで違う体制で臨まねばならないのだ。

昭和二年四月に発表された「工務員の心得」は、株式会社豊田自動織機製作所規定のなかの、工務員服務規程をわかりやすくしたものである。たとえば、こんな具合だ。

一、自　助

正直に働いて幸福の天地を作れ。

二、時　間

休み時間の外には一分間も休む時間はない。

三、風　紀

一、だらしない風は絶対の禁物なり。

二、働く人は夜更《よふ》かしと大酒は慎まねばならぬ。

以下、八項まであり、作業中に雑談するなとか、機械には毎日油をさせとか、実に実際的で細かい。工員、職工というところをわざわざ新しく「工務員」という言い方を考え出しているところなどにも、独自の社風をつくり出そうとする意気込みが感じられる。

「心得」の内容は、全体的に整理整頓と正直とコツコツ地道、の三点をやかましくいっている感じで、このあたりは現在のトヨタの社風に通じている。

なお昭和二年八月、利三郎が手記によって自らの経営哲学を明らかにしている。これは大正デモクラシーのあと大正八、九年から日本でも労働運動が盛んになり、大正末期になると長引く不況で労資の対立が先鋭化し、争議が頻発していたからである。

利三郎の方針は、基本的には佐吉譲りの報徳・報恩の精神である。

私は、ただ私等の経営している事業を何処《どこ》までも盛大にし多くの従業員とその福利を偕《とも》にしたいことを望んでいる。これが事業家として、国家に貢献するの道であると心得ている。（中略）

私は、資本家は労働者の労働力を買い、労働者はその労働力を資本家に売る行為とは思わない。労働者と資本家が、企業家の手に依って、共に事業を経営するものであると考える。それには、その労働者を、その出資者として、株主たらしめることを理想としている。（中略）

私は、事業家は常に奉仕の念を以て、活動しなければならないと思っている。世に所謂《いわゆる》社会奉仕といえば、自分のものを人に与えることであって、奉仕と営利は平行《ママ》しないもののように思惟《しい》する人がないでもないが、之は極めて消極的な奉仕観念である。私は、奉仕と営利は完全に一致するものと思っている。

私は、未だその結果に就いて言う程の資格は無いが、父は自分の経営する会社の株を、従業員に持たして、労働者にして資本家という立場に於いて、労資の協調を為して来た。その間には相当な犠牲を払って来たが、労働者も自分の勤める会社の株主であるとすれば、其処《そこ》には単なる労働者でなしに、責任を感ずれば楽しみも増して来る。又会社側としても、労働者がその株主であれば、自《おの》ら《ずか》待遇の改善も行なわれるようになる。労働者側も団結権に拠って、ストライキをやるようなことはない。そこには、お互いに徳の修養と、人格尊重の観念が湧いて来るものである。（『豊田自動織機製作所「四十年史」』所収「豊田利三郎手記」）

従業員持ち株制度は現在では珍しくもないが、大資本家が支配していた戦前の日本産業界においてはきわめて進歩的な考えである。これは、利三郎もいっているように佐吉から受け継いだ方針だが、利三郎はそこに新たな工夫をしている。工務員用の社宅をつくり、近くに土地を買い、一家あたりに五、六坪を割り当てて野菜や花などを栽培させたのだ。しかも、畑をちゃんと耕しているかどうかを査定して給料に反映させた。

このような一見社会主義的とも思える利三郎の考えは、二宮尊徳《にのみやそんとく》の報徳主義の「人間には定められた身分などない。まじめに働き貯蓄に励めば、だれでも生活を向上させることができる」という教えからきていると思われる。人間の能力を信じ、努力を促すという点では、結果平等のみを性急に要求し、嫉妬《しっと》を徒《いたずら》に煽《あお》る共産主義とは正反対の考えである。

それに当時の社会情勢から考えると、豊田自動織機製作所に勤めてきれいな社宅に住み、休日に一家で花などつくっていたら、それこそ近隣の羨望《せんぼう》の的であったろう。しかも、同族以外でも重役にもなれるし、株ももらえる。

利三郎の打ち出した方針は従業員たちのやる気を大いに引き出したと思うが、一つ気になることがある。休日の畑づくりまで査定して給料に反映させるのはやりすぎだろう。これでは重苦しくなってしまう。石田退三《いしだたいぞう》が利三郎を「真面目すぎる」と評しているように、やはりその真面目さが出てしまっているのかもしれない。

もう一つの新方針の養成工の育成だが、これも当時としては画期的なことだった。技能者養成が一般に叫ばれるようになり、政府が「工場事業場技能者養成令」を発令したのは昭和十四年である。それより十二年も前に、自前の技術者養成に乗り出したのだ。

第一期養成工は、昭和二年四月に高等小学校卒業者を試験して三十名選抜した。彼らは、就業時間中は工場で実地に作業指導者から技能教育を受け、夜には工場内にある寄宿舎で先輩、上司、専門家などからなる教育係から、数学、機械工学、材料力学などの教育を受けた。養成期間は三年間。この養成工制度は、国の「工場事業場技能者養成令」に基づく養成工制度を新たに始める昭和十四年まで続けられ、二百数十名が育ち、彼らは豊田自動織機製作所を支える中核工務員となっていく。

利三郎と喜一郎のコンビは、順調に豊田自動織機製作所を立ち上げていった。

第4章 なぜ自動車参入か

【1】自動織機世界制覇の陰で

総合繊維機械メーカーを目指す

無停止杼換《ひがえ》式豊田自動織機(以下、自動織機)の売り出しは成功した。次に喜一郎《きいちろう》が取り組まねばならないのは、製造技術の向上と能率化である。これを人と設備の両面で進めねばならないわけだが、問題は人である。喜一郎は佐吉《さきち》と違って、人の気持ちをパッと摑み、ぐいぐい引っ張っていくような芸当はまだできなかった。

佐吉は本来、人付き合いが好きで、議論好きで、酒好きだ。ただ、議論をしていると発明のための考える時間がなくなるので、あるときから議論をすることを自分に禁じた。それ以来、無駄口はきかなくなったのだが、本来、外交的で明るく、誰とでもパッと気持ちを合わせ、相手の話を聞いてコミニュケーションを交わすことができる。

これに対し、喜一郎は一人で考えに考えた末に突然、部下に次にやることを指示するタイプのリーダーだった。喜一郎が何をどこまで考えているか、知っている者は一人もいない。これは、もともと寡黙《かもく》な性格ということもあるが、常に考えていることが発明、技術開発のアイデア、事業計画など、そもそもうっかり喋ってはいけないことばかりだからである。その代わり、いったん指示すると、部下を信頼して仕事は任せた。また話すときは、誠実に自分の考えていることを話した。そういう点では佐吉と似ているのだが、佐吉のような親分肌ではない。長くつき合ってみないと、本当の良さや凄さのわからないタイプなのである。

それだけに、寄せ集めてきた熟練工を自分の方針どおりに働かすのには苦労した。とくに鋳物《いもの》では、大島や鈴木も専門家ではなく、久保田は外部の人間なので、喜一郎の意を体して鋳物師たちを掌握できる人物が見つからず、子飼いの技術者が育つまで苦労するのである。

部品をつくる金属加工技術は、大別すると鋳造《ちゆうぞう》(鋳込《いこ》む)、鍛造《たんぞう》(かじ)、旋盤《せんばん》(切削加工《せつさくかこう》)に分けられる。そのなかでも大事なのが、複雑な形状の部品を大量につくることのできる鋳造である。この鋳造で、強度にムラがなく、設計図どおり精密につくることが、製品の性能を決める。

強度を強くし、ムラを解消するには、製鉄技術、高性能の炉が必要だ。喜一郎は新しい炉を研究したり、砂でつくる鋳型造りの研究を、忙しい合間に進めていた。このほか、最新式の切削器、鍛造機など、喜一郎は欧米の機械メーカーの仕様カタログおよび専門技術の論文を取り寄せ、調査に余念がなかった。

自動織機完成のあと、喜一郎が目指したのは精紡機（粗糸を細く引き伸ばして撚《よ》りをかける）の開発である。のちに画期的アイデアのスーパーハイドラフト精紡機を発明するが、この頃の目標は、精紡機の開発と自動織機の高性能化および効率的な製造であるといってよいだろう。つまり、繊維機械の総合メーカーを目指していた。

一方、利三郎《りざぶろう》は長引く不況のなかで営業にテコ入れするため、石田退三《いしだたいぞう》を大阪出張所長にした。石田は父親代わりの児玉一造《こだまいちぞう》に命じられて、昭和二（一九二七）年にいやいや豊田紡織に入ったのだ。もともと石田は、興和《こうわ》紡績（旧服部商店）から独立して商売をやろうと考えていた。そこで児玉に相談に行くと、「豊田を手伝え」と命じられたのである。石田は、真面目で気むずかしいところのある利三郎が苦手であった。中学時代に兄弟同様に暮らしただけに、遠慮がないので喧嘩になるかもしれない。いまさら気に入らないことを我慢して働くのもいやである。石田は渋った。が児玉は、不景気で綿布や綿糸の売れ行きが落ちているため、石田の営業手腕を必要とし、強引に豊田紡織入りを決めた。

豊田グループ自体の業績は、自動織機がヒットしたこともあって悪くはなかった。利三郎は、他社が積極的に事業を拡大できないときをチャンスと見て昭和三年十二月、庄内川染工所を設立する。資本金百万円、佐吉の次弟・豊田平吉が代表取締役社長。従業員百七十三名であった。さらに昭和四年三月、東洋綿花との合資で中央紡織を設立した。これは資本金百万円、従業員約五百名であった。

同じ年の七月、改正工場法の適用で、少年工、女工の深夜就業が禁止となり、他社がコスト高となるなか、いち早く自動織機に切り替えていた豊田系の織布工場はデフレにも耐え、むしろシェアを伸ばしたのである。

そしてそのことが、長期低落傾向に悩んでいた英国プラット社の注目を引いた。このプラット社の豊田自動織機製作所への関心から、喜一郎の未来が急激に動き始めるのである。

世界を制覇した自動織機、そして次なる目標は

プラット社は昭和四年四月、重役のチャダートンを日本に派遣し、豊田自動織機製作所の刈谷工場や豊田製の自動織機を運転している豊田系の工場などを綿密に調査した。

豊田製の自動織機が十分実用に耐えることを把握したプラット社はこの年の九月十一日、豊田自動織機と特許権譲渡の契約を結ぶことを決定した。

その翌日の九月十二日、喜一郎はアメリカに向けて出発した。

アメリカに向かった喜一郎の目的は、米国市場への自動織機の売り込みである。マサチューセッツ州ウースター市の有力な機械メーカー、ドレイパー社とクロンプトン・アンド・ノールズ社から実地運転が見たいと要請があり、喜一郎たちは自動織機をアメリカでのデモンストレーション用に二台送っていた。

しかし、アメリカには豊田のシャトルチェンジとは方式の違うノースロップの自動織機がすでに行き渡っていた。したがって、渡米の目的はデモンストレーションと特許使用権の交渉だったのだが、喜一郎の目的は別にあった。

工作機械の調査やさまざまな製造業の視察である。視察した工場のなかには、デトロイトのフォードもあった。

なおデモンストレーションは、岡部岩太郎の懸命な調整と日本から持って行った上等な綿糸のおかげで順調に行なうことができた。しかし、現地の綿糸や急速に普及し始めた化学繊維ではすぐには所定の性能を発揮できず、また豊田側が出した特許権譲渡価格百万ドルという価格も折り合わず、交渉は不調に終わった。

時期も悪かった。世界恐慌の始まった「暗黒の木曜日」は昭和四（一九二九）年の十月二十四日で、喜一郎のアメリカ滞在中の出来事である。米側も先行きに不安をいっぱい抱えたなかでの交渉で、積極的な気持ちになれなかっただろう。

プラット社と契約調印。前列右から喜一郎、J.S.ナットオール（プラット社社長）、原口晃、A.ブラザーズ、後列右から2人目が島田勝之助、2人おいて佐々木四郎（ともに三井物産）

一方、プラット社との交渉は順調に進んだ。喜一郎と途中から合流した原口晃は十一月十九日、アメリカからイギリスのサザンプトンに渡った。すでに三井物産の仲立ちで基本合意に達していて、あとは特許権者である喜一郎が細部を詰めて調印するだけだった。

調印は十二月二十一日、プラット社の重役室で交わされた。契約の中身は、日本、中国、アメリカを除くすべての国において無停止杼換式豊田自動織機を独占的に製作・販売することができる権利を譲渡し、その対価は十万ポンド（日本円に換算して当時百万円）というものだった。赫々《かっかく》たる戦果である。

イギリスは近代繊維産業の発祥地であり、イギリスの紡績機、動力織機は世界中に輸出された。プラット社はそのイギリスを代表する紡織機メーカーである。それが後進国である日本から、こともあろうに自動織機の特許を買った。繊維業界ではセンセーショナルな事件である。

豊田の自動織機がついに世界を制覇した。佐吉の夢がここに成就した、といってもよい。だがこのとき、佐吉はすでに脳梗塞《のうこうそく》で言葉を交わす能力を失っていた。

「豊田・プラット協定」は日本の新聞にも好感を持って大きく報じられ、日本国内での豊田製の自動織機の評価は一気に高まった。

しかし、喜一郎は奇妙なくらい浮かれなかった。本来なら、日本の通信社のインタビューに応じるとか、特別に寄稿するとか、声明を発表して大宣伝をするべきである。なのに、むしろ報道を避けているようなのだ。何が喜一郎を悩ませていたのか。

危機感の芽生え

豊田・プラット協定が結ばれると、喜一郎は一人の技術者をイギリスに呼び寄せた。鈴木周作である。何のために鈴木を呼び寄せたかというと、自動織機をプラット社で製作するためである。プラット社は、「プラット・トヨダ自動織機」という商品名で無停止杼換式豊田自動織機をライセンス生産して売り出すことにしたのだ。

喜一郎はあとを鈴木に託し、ヨーロッパをさらに二カ月もかけて視察して、昭和五年四月にシベリア鉄道経由で帰国する。前年の九月にアメリカに向けて出発して、米、英、そしてヨーロッパ大陸と、七カ月にも及ぶ大視察旅行となった。

七年目のプラット社再訪で、喜一郎は何を感じただろうか。イギリスのオールダムまで行き、いまは煉瓦《れんが》の建物だけが残っているプラット社を取材してきた『豊田喜一郎伝』の和田一夫はいう。

「非常にショックだったでしょうね。最初に行ったときはプラット社もオールダムの町も栄えていて、プラット社の熟練工はいい給料をとって自信に満ちて生活していた。それが七年経ったら、町には失業者が溢れている。一流企業だったプラット社も、技術が進歩するどころか、むしろ熟練工が抜けて技術は落ちている。どうなってしまったのか。喜一郎は、そういう先進国の繊維産業の状況を見て、自分たちも喜んでいられない。このまま繊維機械をつくり続けていていいのか、そういう疑問が出てきたのじゃないかと思います」

和田は、このプラット社の急激な没落が、喜一郎に繊維機械メーカーの将来性に疑念を抱かせ、さらに自動車への進出を考えさせる契機となったのではないかと推測している。

そうかもしれない。ただし、慎重な喜一郎は、自動車進出云々《うんぬん》とは一言も漏らしていない。さらに、鈴木周作をプラット社に残したあと、二カ月もヨーロッパに滞在していたのだが、このとき、何をしていたのかも明らかになる資料は残されていない。

ただ、わずかに河原潤次《かわはらじゅんじ》の自伝から、喜一郎が欧米の工場を視察して得た改良のアイデアや欧米の最新技術などについて、旅行先のホテルの便箋《びんせん》に細々と綴《つづ》って、河原などの技術者宛に頻繁に出していたことが窺《うかが》えるだけである。

慎重な喜一郎は、事業プランや本当にオリジナルなアイデアについては徹底した秘密主義である。アメリカでも、自動織機の売り込みは人に任せて、工作機械の調査や製造工場の視察に専念していたことを考えると、織機メーカーとしての将来を案じ、別の分野に進出することを考えてその調査もしていたということは十分あり得るだろう。

そういった推測を裏付けるように、自動織機「プラット・トヨダ」は売れなかった。喜一郎と岡部岩太郎にあとを託された鈴木周作は懸命の努力をして、一年がかりで四十台の無停止杼換式豊田自動織機をプラット社で製作した。しかし、期待されたプラット社によるライセンス生産は、そこまでで沙汰《さた》止みとなってしまった。

豊田製の自動織機は、日本では十分実用に耐えて利益を上げているのに、なぜイギリスではダメだったのか。最大の理由は、プラット社の織機製造の技術力が低下していて、所定の性能が発揮できなかったことである。

このとき、すでにイギリスのコットン産業は衰退してしまっていて、新たに設備投資する余力をなくしていた。当時のイギリスの工場主が、自動織機の開発や製造技術の改良などの企業努力をせず、古い織機を人件費の安い植民地に持っていって競争力を維持しようとしたため、イギリスのコットン産業は瞬く間に空洞化してしまったのである。名門繊維機械メーカーのプラット社も、新たに設備投資をして技術者を育て、「プラット・トヨダ」を本格生産する余裕も意欲もなかったのだ。

繁栄を誇った産業も、時代の流れから外れると十年もしないで衰退してしまう。喜一郎はそれを目《ま》の当たりにして、激しい危機意識を持ったに違いない。

【2】喜一郎の密かな企て

いつ自動車参入を考えたか

喜一郎は東京帝大機械工学科の学生の頃から、すでに自動車に興味を持っていたはずである。大学で蒸気タービン、石油発動機、モーターなどの原動機の講義を熱心に受け、卒業論文も紡績工場の原動機に関する研究であった。

大学に入学したのは大正六年だが、この年に三菱造船神戸造船所が三菱A型乗用車の製作を開始した。翌年三月に軍用自動車補助法が公布され、八月には株式会社快進社《かいしんしゃ》が設立された。快進社の創業者は豊田グループの地元、愛知県岡崎市出身の橋本増治郎《はしもとますじろう》である。橋本は明治四十四（一九一一）年に、東京都渋谷区広尾に快進自動車工場を設立し、外国車の修理および輸入販売をしながら、大正三（一九一四）年には国産車「ダット号」を完成していた。そして大正六年に軍用自動車補助法の適用を受けた。さらに、のちに「オートモ号」を発表する白楊社《はくようしや》が、大正九年に自動車の開発を始めている。

このように、喜一郎が大学で内燃機関の勉強を始めた頃は、日本の産業界にも自動車を自分の手でつくろうというパイオニアが現れたときでもあり、機械工学を学ぶ学生が興味を持たないほうがおかしいといえるだろう。実際、クラスメートの伊藤省吾、小林秀雄、隈部《くまべ》一雄《かずお》たちはそれぞれ自動車開発に関係し、後年、喜一郎の自動車開発にも協力して、伊藤と隈部は喜一郎の会社に入社している。

喜一郎が一所懸命、自動織機の研究をしている最中の大正十二（一九二三）年、すでに述べたように関東大震災が起きて、日本の自動車産業界は劇的な変化を見せる。震災後の復興で、T型フォード・トラックのシャシーが緊急輸入され、バス（円太郎バス）に改造されて大活躍し、市電に代わって都市交通機関として自動車が注目されるのだ。そして関東大震災のあと、一種のモータリゼーションのようなことが起きて、東京、大阪、名古屋などでも自動車が普及し始めたのである。

これを見て、未開の市場があると注目したフォードが大正十四年に進出し、横浜で生産を始めた。その工場に見学者が押しかけ、一種のフォード・ブームさえ起きた。

外車の輸入急増に驚いた商工省は、大正十五年六月に「国産振興委員会」を設置し、自動車の国産化について審議を始める。そして九月には、ダット自動車製造が設立された。

大正十五年(十二月二十六日より昭和元年)は、喜一郎たちが自動織機を完成させ、十一月に豊田自動織機製作所を刈谷に設立した年である。喜一郎は常務として、自動織機の製造責任者となった。刈谷は豊田紡織本社のある名古屋とは離れていて、社長の利三郎も刈谷には常駐しないので、喜一郎はかなり自由がきくようになった。

翌昭和二(一九二七)年一月、今度はゼネラルモータースが日本に進出、大阪で組立を始めた。もし喜一郎が自動車参入を意識していたら、気が気ではなかっただろう。

喜一郎は、大正七年の軍用自動車補助法公布で、その補助会社の指定を受けた快進社が順調に成長して、ダット自動車となったのを見ていたはずだ。もし、大正十五年に設置された商工省の委員会で、国産の自動車会社育成の答申が出るとすると、育成会社に指定されるかどうかが重大なポイントとなる。指定されなければ自動車参入はまず不可能だが、それにはその時点での自動車会社としての実績が問題になる。それまでに実績をつくるとなると、すぐにでも準備を始めないと間に合わない。

喜一郎は、いつ本気で自動車進出を考えたのだろうか。その準備をいつ始めたのだろうか。

「佐吉の遺志」伝説の謎

ここで思い出すのが、有名な「自動車参入は佐吉の遺言」というトヨタの伝説である。昭和二年十一月、佐吉は名古屋離宮で昭和天皇に単独で拝謁《はいえつ》し、勲三等瑞宝章《ずいほうしょう》を授与された。自動織機の発明による産業の振興と、国富の増進に対する多大な貢献が認められたのだ。

名古屋離宮から戻った佐吉は、家族と祝いの小宴を囲み、喜一郎にこういったという。

「わしは織機を発明し、お国の保護（特許を指す）を受けて金をもうけたが、お国のためにも尽くした。この恩返しに、喜一郎は自動車をつくれ。自動車をつくってお国のために尽くせ」

これは、「プラット社に自動織機の特許を売って得た百万円（当時）を自由に使って自動車の研究をせよ」と佐吉がいったという、もう一つの伝説とセットになって語り継がれてきたエピソードだ。だが、この「プラット社の百万円で自動車を」というエピソードは、プラット社との交渉が始まった昭和四年の段階ですでに佐吉は通常の会話が不能の病状になっていたことから、明らかに後世の創作であろう。

一方、昭和二年の叙勲のあと、「喜一郎は自動車をつくってお国のために尽くせ」といったというエピソードについては、簡単には否定できない。しかし、実はこれにも疑問がある。なぜなら、この〝遺言〟が公にされたのが、九年もあとの昭和十一年だからである。

喜一郎は昭和八（一九三三）年九月に、正式に豊田自動織機製作所として自動車部を設置し、すでに自動車進出を公にしている。自動車をやれという「佐吉の遺志」が本当なら、持ち出すのはこのときだろう。

それを三年もあとの昭和十一年になって突然、「自動車進出は佐吉の遺志」といい出した。これは私見だが、自動車部をつくり、大金を注ぎ込んで自動車製作を本格的に始めてみたものの、なかなか成果が上がらなかったからだと考えられる。金は湯水の如く使う。金を出す一方のグループの紡織会社から、強硬な突き上げが出始める。そこで喜一郎としても、誰も逆らえない「佐吉の遺志」を持ち出さざるを得なかったのではなかろうか。

佐吉は前にも触れたように、昭和二年の十二月に二度目の発作を起こし、それ以降の病状ははかばかしくなく、昭和五年十月三十日に六十三歳で亡くなった。

昭和八年春に発行された『豊田佐吉傳』の巻末に三十三人もの人々が追悼文を寄せているが、佐吉が自動車に特別の興味を寄せていたと書いたものは一人もいない。また本文中にも、佐吉が自動車の開発に言及したという箇所は一行もない。

喜一郎が「佐吉の遺志」を持ち出したのは、それから三年後に発行された広報誌『トヨダニュース』第六号（昭和十一年八月二十五日。『豊田喜一郎文書集成』所収）に掲載された「国産自動車と価格の問題」の文中である。

「私の父が自動車を作らぬかと何度云ふたかわからない。而《しか》も其《そ》れを躊躇《ちゅうちょ》して三年も四年も手を着けなかつたと云ふのは、此《こ》の点を考慮したからである」

文中の「此の点を考慮した」というのは、どのくらいの価格でどれだけ販売台数があれば採算がとれるのかを考慮したという意味である。

このときは、ことのついでのようにさらりと佐吉の遺志に触れただけだが、それから約一年後、関係会社や販売代理店に配られた「トヨタ自動車躍進譜」では、もっとはっきり自動車進出は佐吉の遺志だと打ち出している。このあたりから、「自動車参入は佐吉の遺言」という伝説が定着したものと思われる。

歴史の必然を悟る

さて、「自動車参入は佐吉の遺志」というのが、あとで持ち出された伝説にすぎないとすると、やはり喜一郎が独自に考えて密かに自動車進出を決意したということになる。

先にも少し触れたが、『豊田喜一郎伝』の和田一夫は、喜一郎が事業としてまともに自動車事業参入について考えたのは、昭和四年十二月にイギリスのプラット社を訪れ、その衰退ぶりに愕然《がくぜん》としてからではないかと推論している。

たしかに、七年前は栄えていたプラット社とオールダムの町の衰退から、喜一郎は紡織機メーカーの成長の限界を感じ、そこで最も将来性があり、日本にとっても必要と考えられる自動車産業への進出を決意した、という推論は説得力がある。

しかし筆者はそれよりも早く、佐吉が病気で完全に仕事から退かざるを得なくなった時点で自動車への参入を本気で考え始めたのではないか、と思うのである。

そう考えると、プラット社との交渉のためにイギリスに渡る前にアメリカで二カ月も調査に費やしていた理由が納得できる。自動織機の特許権の交渉やデモンストレーションは人に任せて隠密《おんみつ》で動き回っていた理由も、自動車産業についての秘密の調査だと思えば理解できる。

本当は、佐吉は「自動車はやるな」といったのかもしれない。紡績機の製作をやれ、織機と紡績機など繊維機械メーカーとしてトップを目指せ、といったのではなかろうか。そのほうが、佐吉の喜一郎に対する態度として一貫するのである。

この時代の織機では、豊田自動織機がどんなに勝《すぐ》れていても、パーツに分解して輸出し、相手が組み立てるだけでうまく作動するほど完成度は高くない。本気で織機の輸出をめざすなら、紡績機と織機をセットにして糸も織機に合うようにし、メンテナンスと女工の指導員もつけて、いわば〝紡織工場まるごとプラント輸出〟のような形でないとうまくいかない。そのためには紡績機も製作し、環状織機を完成させて、繊維機械の総合メーカーを目指すこと、そのほうが佐吉の遺志として納得できるのである。

喜一郎は、一見するとちょっと内気。無駄話は一切なく、要件のみを伝える。興が乗ると自分の構想を滔々《とうとう》と述べる。が、自分を飾ったりひけらかしたりすることはなく、誠実な情熱が迸《ほとばし》る。しかも親しく接すると、さりげなく細やかな気配りもする。

しかしその一方で、非凡な観察力と構想力を持ち、先の先、裏の裏まで考え抜いて事を起こし、いったん始めたらきわめて大胆で、いざとなったら強引に押し切る図太さも持っているのである。

佐吉と喜一郎で一番違うのは、喜一郎の観察力が技術的な発明の分野だけでなく、人事、社会一般にまで行き届いていて、周到に裏の裏まで考え抜いていることだろう。その証拠に、喜一郎は佐吉のように人に騙されたことはほとんどないのである。競争相手として考えたら、佐吉より遙かに強《したた》かで手強《てごわ》い人物だったのではなかろうか。

実は自動車参入問題は、利三郎と喜一郎が対立し、豊田グループが空中分解する寸前に至るまで、大モメに揉める。だからこそ、「佐吉の遺志」「プラット社の百万円で自動車研究を」という伝説がつくられるのだが、その伝説をもってしても、自動車参入はスンナリとは行かなかった。

喜一郎は昭和五年四月、七カ月にも及ぶ欧米旅行から帰国すると早々に、豊田自動織機製作所の機械工場の一角に研究室を設け、小型エンジンの研究を始めた。この時点で、すでに自動車進出の準備をスタートさせていたわけだが、自動車の「じ」の字も口に出していない。エンジンの研究も、自ら〝道楽〟と称して煙幕を張った。のちに詳述するが、とても口に出して言える状況ではなかったからだ。にもかかわらず、周到に準備し、ときに欺《あざむ》き、ときに独断専行で自動車産業への進出を進めてしまったのは、喜一郎には確信があったからであろう。これからの時代は自動車である、と。

関東大震災を挟む二度の欧米視察旅行で、喜一郎は自動車産業の将来性に歴史の必然を見たのだ。そして、日本の近代化にとって自動車産業の発展が必要不可欠だと悟ったに違いない。それはまさに、佐吉が明治国家の発展にとって自動織機の発明が必要不可欠であると信じてその発明に邁進《まいしん》した姿と重なるものである。その意味では、喜一郎はまさしく佐吉の遺志を継いで自動車に進出したといえるだろう。

密かな準備

昭和五（一九三〇）年というのは、豊田グループにとって実にさまざまなことが起きた年だ。時系列的に整理して書くのが困難なくらいである。

まず一月三十日に、児玉一造が胃潰瘍《いかいよう》の急発で死亡した。東洋綿花会長の現職で、まだ四十八歳の若さであった。児玉の死は、豊田紡織にとっては大きな痛手であったろう。豊田紡織は、生産は豊田系の人々、営業を児玉系の人々、この二人三脚でやってきたのだ。児玉の人脈と情報網、人材の供給や経営判断などのバックアップがあったからこそ、順調に成長できたのである。しかも児玉は、三井財閥をバックに大物財界人として、まだまだこれからの活躍が期待されていたところだった。

もっとも、喜一郎にとってはお目付役の児玉がいなくなったことは、密かに自動車事業参入を準備していたとしたらやりやすくなったといえる。児玉が健在で、自動車参入に反対したら喜一郎も動きがとれなかったはずで、これは案外重い事実かもしれない。

ただし、現実問題として帰国した喜一郎を待ちかまえていたのは、自動織機の販売頭打ちであった。前年、アメリカに旅立つ前に一年分の受注残があったのだが、それ以後、急激に注文が減っていた。

喜一郎と利三郎は、国内の需要の落ち込みを予測していて、中国向け輸出と、新たに紡績機械を開発して売り出すことで難局を乗り切る方針を立てていた。紡績機械の開発は順調に進んでいたが、製品化して売り出すまでの間、工場の稼働率は急激に落ちていった。だがこの落ち込みは、生産設備を切り替えるには、ある意味で好都合であった。喜一郎は積極的に新しい生産設備を導入した。

この頃の設備投資で注目すべきなのは、特殊ボーリングマシンを東京の池貝《いけがい》鉄工所に注文したり、シリンダー旋盤やモールディングマシンも新たに導入していることである。とくにモールディングマシンは、鋳型をつくるための砂を均質に木型に挿入する機械で、喜一郎が日本で初めてアメリカのオズボーン社から購入したものだ。これによって、高度の技術が必要とされていた鋳型の造型作業が、素人《しろうと》や女子工員でも可能になった。

しかし、誇り高い鋳物技術者にとっては、これは穏やかでいられないことであった。ただでさえ稼働率が落ちて歩合給が減っているのに、機械を入れれば誰でもできるという。

鋳物工場以外でも事情は同じだ。稼働率は落ちるし、新しい機械も入る。工場には不安と疑心暗鬼《ぎしんあんき》が渦巻いた。当時の名古屋新聞に、「豊田自動織機刈谷工場　罷業勃発《ひぎょうぼっぱつ》か　解雇通知に職工憤慨　雨か嵐か　けふ労資会見」(『豊田喜一郎伝』)という記事がある。

二十一名の余剰人員を解雇しようとしたことに対し、労働者側が反発したのである。争議のないことが誇りであった豊田グループでも争議が起きた。これは数週間で解決したが、そのような騒動のなかでも、喜一郎は小型エンジンの試作、各種工作機械の導入と職工のスキルアップ、そして紡績機の開発と、寝る暇もなく働いた。

利三郎、喜一郎ともに忙しく働く最中、十月三十日、佐吉が死去した。

告別式は昭和五年十一月四日、名古屋市中区新栄町《しんさかえまち》の教化会館で行なわれ、葬儀委員長は矢田績《やだせき》（元三井銀行名古屋支店長）、喪主が豊田喜一郎、会葬者三千人にのぼった。

佐吉の死は長くふせっていて予想されたことでもあり、喜一郎や利三郎は覚悟のうえであったろうが、佐吉を慕った従業員たちにとっては、支柱を失い、索漠《さくばく》たる思いと不安が忍びよるのを禁じえなかったであろう。

当時、日本は不況の最終段階を迎えていた。濱口雄幸《はまぐちおさち》首相がこの年の一月に金の輸出を解禁し、金本位制に復帰した。しかし世界恐慌の最中だったために、日本製品の輸出に結びつかず、逆に金そのものが流出。経済政策は完全に破綻《はたん》し、繊維、米、株が暴落。昭和恐慌となり、各地で小作争議《こさくそうぎ》（小作料や耕作権などをめぐる地主と小作人との間の紛争）が頻発。繊維業界でも、大量の人員整理が行なわれ、百を超える工場でストが敢行された。

そして十一月には、濱口首相が東京駅頭でテロに遭い、重症を負う。

しかし、そんな物情騒然たるなかで喜一郎はエンジンの開発、紡績機の開発、工場の設備更新と人員の刷新を着々と進めていたのである。

【3】押し寄せる難関

人心掌握に打った手

喜一郎が研究を進めていたエンジンは、四馬力の小型ガソリンエンジンである。まず最初に、スミスモーターという自転車に取り付けるような小さなエンジンを分解した。次にその構造、部品をスケッチし、図面を作成する。その製図をもとに部品を鋳造し、切削して、自分たちでつくった部品でエンジンを組み立てるのである。いわゆるリバース・エンジニアリングだが、弟子入りが無理で自分で物づくりを修得しなければならない場合は、これしかやり方はない。

大島理三郎はこの頃から喜一郎の意を体して、自動車関係の研究を始めている。治工具《じこうぐ》（機械を効率よく作動させるための補助機具など）工場の千種治郎吉《ちくさじろきち》も、外国製オートバイのエンジンの分解や修理に投入された。

一方、紡績機の開発は岡部岩太郎が担当した。若い河原潤次は紡績機の開発をしながら、喜一郎の直属としてさまざまな部門の開発や調査に顔を出していた。

喜一郎から直接指示を受けて調査や開発をやる者にとっては、面白い時期だったろう。しかし一般の従業員にとっては、騒然たる社会情勢のなかで仕事も減り、敬愛した佐吉も亡くなって不安な日々だったに違いない。

家族主義一本槍できた佐吉が亡くなり、気むずかしい利三郎と、口も聞かず笑いもせず、何を考えているかわからない喜一郎の二人ではどうなるかわからない。人員整理の第二弾があるかもしれない、次は自分の番かも、と疑心暗鬼にとらわれる従業員が出てきても不思議はない。

これに対し、喜一郎と利三郎のコンビは驚くべき手を打った。昭和六（一九三一）年二月五日、佐吉の百カ日法要で突然、大盤振舞《おおばんぶるまい》をしたのである。なんと、プラット社に特許権を売って得た一時金の二万五千ポンド、すなわち二十五万円を従業員全員に分け与えたのだ。

実は、これまでのトヨタグループの社史や佐吉の伝記、喜一郎の伝記などで、『豊田喜一郎伝』以外に、このことに触れたものはほとんどない。このことに触れると、「プラット社から得た百万円を使って自動車を研究せよ、と佐吉が喜一郎に言った」という伝説と矛盾してしまうからだ。

しかしこのことは、名古屋毎日新聞（昭和六年二月十七日付）が「発明王の百ヶ日に　廿《にじゅ》五万円を投《う》げ出す　佐吉翁の遺志を汲んで　関係九工場六千余名へ」と大きく報じている。

それにしても、半年前には賃金の切り下げや数十名の人員整理を断行せざるをえなかったほど危機的な経営状態だったはずである。景気も急には良くなっていない。自動車の研究、設備投資、金はいくらあっても足りない時期だ。それなのに、なぜいきなり二十五万円もの大金を従業員に分け与えたのであろうか。

記事によると、二十五万円は発明関係者に十万円、残りの十五万円をグループ企業の全従業員六千名に配られた。法要の席で、利三郎は「発明完成に当つて多数艱《かん》苦《く》を共にした隠れたる功労者がある」と語り、「何等か自分からも感謝の気持を表はしたい」と述べた。あきらかに、自動織機開発関係者への慰労金的性格である。また、全従業員にも配っていることから、社員の結束を強める狙いもある。約六千人に十五万円とすると、一人あたり二十五円。この頃の女子工員の平均給与が約二十八円であったから、全員に給料の一月分に近い特別感謝慰労金が出たのである。「男工も女工も嬉し泣き」と新聞は報じている。

実はこの時期は、二年ほど前から開発してきたハイドラフト精紡機の最後の仕上げの時期で、製造販売に本格的に乗り出す直前であった。ハイドラフト精紡機は、綿から糸にする過程を大幅に短縮でき、第一次世界大戦後に輸入されて次第に広まってきていた。喜一郎たちが開発したハイドラフト精紡機は、輸入機に比べて価格がかなり安かったので引き合いが多く、不況にもかかわらず爆発的なヒットが確実に予測できた。

つまり、一気に生産拡大に踏み切る直前だったのだ。その時期に、全従業員の志気を高め、やる気を引き出す呼び水として二十五万円もの大金を人に投じたのだ。近いうちに、この二十五万円は数十倍にもなって戻ってくると予測できたのである。

しかしそれにしても、こういう思い切った金の使い方はなかなかできるものではない。その点でも、喜一郎と利三郎のコンビは立派な後継者といえる。

なお喜一郎としては、〝道楽〟と称して始めたエンジン研究への雑音を封じる狙いもあったかもしれない。

高度設備の導入を始める

ハイドラフト精紡機は昭和六年三月に完成し、発売と同時に注文が殺到した。豊田自動織機製作所は、精紡機の生産に追われた。

喜一郎は、工場設備の大拡張を実施する。生産設備の大拡張の目的は、織機、精紡機の高性能化と生産効率のアップだが、将来の自動車生産に備えて望む限りの高度な設備を購入した。

そのなかでも極めつきは、電気炉の設置である。電気炉については、河原潤次の自伝から次のようなやりとりがあったと推測できる。

昭和五年のあるとき、突然、喜一郎が河原に次のような指示を出した。

「山田君と二人で大同《だいどう》製鋼株式会社へ行って、電気炉を一基ゆずってもらうよう交渉してください」

河原は名古屋の大同製鋼に行き、営業部長に来意を告げた。

「わが社は自家用として電気炉をつくっているが、販売する考えはありません」

営業部長は問題外という感じで断った。しかし喜一郎は諦めず、もう一度行って頼んできてくれという。河原が再び大同製鋼に行って頼むと、今度は営業部長ではなく担当の技師が出てきてこう言った。

「はあ、豊田さんでは鋳鉄屑《ちゅうてつせつ》を電気炉で熔解《ようかい》する実験をお考えですか。当社では鋼屑《はがねくず》を熔解する目的で自家用設備として製作しているのであって、鋳鉄屑熔解の経験もないのでお分けする考えは全然ありません」

前にもまして、にべもなく断る。

「いや、しかしお待ち下さい。豊田喜一郎は実用化されていないことに挑戦するのが技術者の根性だ、駄目だと言われても是非やってみたいと申しております。どうぞよろしくお願い申しあげます」

河原は懇願した。すると、技師は意外とあっさりこういった。

「専門のメルターはおりますか」

メルターというのは、熔解担当の技術者のことだ。

「メルターは我流で養成いたします」

そういうと、相手はこう答えた。

「ほう、豊田さんは変わった方ですね。わかりました。それほど言うならお売りしましょう。しかし、当社では結果がどうあろうと責任は持ちませんが、よろしいですか」

と呆《あき》れつつ、念を押した。

大同製鋼の技術者にしてみれば、素人の織機屋がやってきて、いきなり販売もしていない商売道具の電気炉を譲ってほしいなど笑止千万《しょうしせんばん》、そもそも使えるわけがないと思うのが普通だ。しかも、専門家も置かずに日本では誰もやったことがない鋳鉄屑を熔解するという。呆れて、「豊田さんは変わった方ですね」と思わず冷笑してしまったのだろう。

河原が屈辱に耐えてようやく売ってもらった電気炉は、大拡張した鋳物工場に据え付けた。だが案の定、鋳物工場でキューポラ熔解を担当していた熟練工でも電気炉には歯が立たず、失敗の連続で一年経っても鋳鉄屑熔解の目処《めど》がたたなかった。これが解決されないとエンジンができないのだが、それには一人の新入社員の登場を待たねばならない。

喜一郎が自動車の製造に取りかかる前に何としても解決しなければならないと考えた問題がもう一つ、自動車用特殊鋼の調達である。

当時の日本では、兵器用の特殊鋼は開発していたが、自動車用の特殊鋼を大量生産する設備はどの製鉄所でも持っていなかった。喜一郎は、日本の技術で自動車用の特殊鋼がつくれるものかどうか、東北帝国大学の本多光太郎博士に尋ねることから始めた。博士の答えは、「現在の日本の技術でできる」というものだった。そこで喜一郎は、刈谷工場の敷地に新たに製鋼所と材料試験所を建設する準備を始めるのである。

こうして、鋳物工場の電気炉といい、製鋼所といい、大きな準備を始めていたのだが、社員の多くは〝道楽〟の小型エンジンに気を取られていた。

なお、第一号の小型エンジンは昭和六年七月に完成し、自転車に搭載して構内を乗り回し、引き続き改良に邁進していた。

利三郎の内諾はあったか

ところで、利三郎は喜一郎のやっていることに気づかなかったのだろうか。

利三郎はこれまで、喜一郎の伝記や映画、劇画などで、自動車参入に強硬に反対して喜一郎を悩ませる、いわば敵役《かたきやく》として描かれてきた。事実、自動車生産が軌道に乗るまでにあまりにも金がかかり、慌てて資金投入にストップをかけたり、しかもできた自動車が満足に走らないこともあって苛立ちを見せたりした。しかし、基本的にはすべてを承知し、喜一郎の方針に同意を与えていたと見るべきである。

道楽と称したエンジンの研究くらいならともかく、鋳物工場や機械工場の大拡張に製鋼所の設立準備ときては、いくら紡績機の生産拡大のためだといっても説明が必要だろう。

昭和五年度から八年度の豊田自動織機製作所の支出内訳を見ると、昭和五年度と六年度の工場費はそれぞれ約五十一万三千円と約五十四万四千円だが、昭和七年になると約八十六万円に跳ね上がり、さらに昭和八年には約百四万六千円にも上っている（『豊田喜一郎伝』）。これだけの出費をする以上、昭和七年には利三郎の内諾を得ていたと考えるのが当然である。

しかし喜一郎の性格から、何から何まで全てを話していたとは思えない。たとえば、本格的に自動車生産にかかるまでの準備だけでも一千万を超える金がかかり、数年間、売上げゼロのまま、自動車関係だけで数百人の人間を抱えねばならないなど、そこまでは言ってなかったに違いない。

これは喜一郎としてみれば、言いたくても言えない状況にあったと思われる。理由は、あの佐吉を追い出し、特許権でも長年争った豊田式織機株式会社(現豊和工業)がすでにエンジンの試作に成功していたことと関係がある。

この頃、中京地方では「中京デトロイト化計画」が大きな関心を集めていた。これは、名古屋市長が強力に推進して、豊田式織機をはじめ大隈《おおくま》鉄工所、日本車輌、岡本自転車自動車製作所、愛知時計電機などが共同で自動車製作に乗り出し、名古屋財界もバックアップするビッグ・プロジェクトだった。利三郎はこの頃、名古屋商工会議所の工業副部長になっているので、この計画には当初から嚙んでいる。喜一郎の自動車事業が一台試作するまでにそれほど金がかかるなら、「豊田式と一緒にやれ」ということになりかねない。

だが、喜一郎にとっては何があってもできない相談だ。佐吉が日本を捨ててアメリカに移住したいと考えるほど豊田式織機の経営者に追い詰められたのを、中学時代に見ている。会社としての豊田式織機やその後の経営陣に恨みはなくても、佐吉の息子として、豊田式織機を中心とした自動車事業に参画することは、どんなことがあってもできないはずである。喜一郎が自動車参入計画について、最初は道楽と称し、ひた隠しにしたのも、そのあたりのこだわりがあると思われる。

その点ではむしろ、利三郎のほうが常識的でバランスのとれた判断ができる立場にあった。しかし利三郎は利三郎で、佐吉から経営者として見込まれて婿《むこ》になった経緯があるので、どんなことがあっても豊田財閥を潰すようなことだけはしてはならないと考えていた。したがって、利三郎は必然的にチェック・アンド・バランスを心がけ、時として守りを優先せざるを得ないのだ。

これに対して、佐吉の長男で開発・製造を担当する喜一郎は思い切って攻めることができる。伸《の》るか反《そ》るかの勝負を独断で仕掛けて失敗したところで、それが日本のためになる発明や新分野への挑戦なら、後ろ指を指されることはない。むしろ、守りに入って何も挑戦しないほうが佐吉の精神に悖《もと》るわけだ。そういう意味で、喜一郎と利三郎は本人同士の相性はともかく、豊田財閥全体としては互いを補っていいコンビといえる。

利三郎は銀行出身の経理屋ではなく、情報に通じ、機を見るに敏で、相場にも通じた商社マンである。利三郎の腹心で豊田グループ全体の金庫番でもある岡本藤治郎も、東洋綿花出身である。時として喜一郎にブレーキをかけても、時流を見る目を持ち、勝機を摑むことに躊躇《ちゆうちよ》する男たちではないのだ。だから、喜一郎が自動車参入を考えていろいろやっていることについては内諾していたはずである。ただし、どれだけ金がかかるか、本当に成功するだけの技術的な裏付けがあるのか、そこまでは説明を受けていなかったと思われる。そしてそのために、あとで大問題となるのである。

自動車国産化の潮流のなかで

中京デトロイト化計画について、少し説明しておこう。

これは昭和五（一九三〇）年、大岩勇夫《おおいわいさお》名古屋市長が中京地区をデトロイトのような自動車産業で栄える土地にしようと、地元有力企業五社に呼びかけてスタートした。その五社とは、先に触れた日本車輌、大隈鉄工所、豊田式織機、愛知時計電機、岡本自転車自動車製作所である。

喜一郎には声がかからなかった。鋳物なら豊田式織機のほうが評価も高く、規模も大きかったからだ。

こうして昭和七年三月、「アツタ号」がつくられた。これはナッシュというアメリカ車のコピーで、水冷直列八気筒の三千九百三十三ccのエンジンを搭載していた。七人乗りで、最高速度八十キロ。かなりの大型乗用車で、値段が七千三百円とGMのシボレーの倍以上したためほとんど売れなかったが、とにかくつくっただけでも立派である。

その後、豊田式織機がアツタ号で培《つちか》ったエンジン製作の技術で「キソコーチ号」というバスをつくった。これは、昭和十年に名古屋市交通局が五台購入して市バスとして運行し、市民に親しまれた。

日本の自動車メーカーは、昭和に入ってフォード、GMが進出したため、打撃を蒙《こうむ》って多くが撤退した。だが、フォードやGMの売れ行きの良さに、やはり次の成長分野は自動車関連だということが誰にでもわかったのだろう。鉄工所、機械メーカー、自転車メーカー、精密工業、鋳物メーカーなどさまざまな分野のメーカーがオートバイ、三輪車、小型トラック、バスなどを狙って参入の機会を窺っていた。

一方、瞬く間に米国車に国内市場が席巻《せっけん》されるのを見て、軍部は輸送手段の確保という軍事上の理由から、国産車メーカー育成の方針を打ち出した。米国車の流入で国際収支の悪化に慌てた政府も、国産車擁護に転じる。

商工省は昭和六年五月、国産自動車工業確立調査委員会を設置、九月に標準型式自動車の設計を完了。ただちに石川島自動車製作所がエンジン、東京瓦斯《ガス》電気工業がフロントアクスル、リアアクスル、ブレーキ、ダット自動車製造がトランスミッション、クラッチ、プロペラシャフト、鉄道省がフレーム、ステアリング、スプリングなどの分担製造を開始した。これはいってみれば、中京デトロイト化計画の政府版である。ただし、商工省標準型式自動車の試作車は、商工省のメンツにかけて「アツタ号」に遅れることなく昭和七年三月に完成した。

要するに、昭和五年、六年あたりから、一斉に本格的な国産自動車づくりが始まったのだ。そして、昭和六年九月に勃発した満洲事変がこれに拍車をかけた。政府は国産車育成のために、外国車の輸入規制に踏み切ったからである。

こういった状況を考えると、喜一郎の決断はむしろ遅いといえる。豊田式織機株式会社に完全に一歩遅れている。自動織機の開発と生産体制の確立に追われ、とても自動車参入の余力はなかったからやむを得ないことだが、しかし喜一郎はその後発の利点を強《したた》かに利用する。

遅れて参入することの利点は、設備と人が新しいということである。さらに、参入時点の情報がそれだけ豊富になって問題点が明確になっていることと、最新の情報にいち早く対応できることも大きなアドバンテージになる。

設備投資についてはこれまで書いてきたとおりだが、喜一郎は設備投資に並行して新人の抜擢《ばってき》、他社の技術者のスカウトなど人材の発掘を急ぐ。その抜擢されたなかに、昭和七年採用の白井武明と原田梅治《はらだうめじ》がいた。

若者の抜擢と投入

白井は浜松高等工業学校の出身で、入社して半年ほどで社内研修が終わると喜一郎から直接、二サイクルエンジンのスケッチを命じられた。それが終わると、先輩の岩岡次郎とともに小型エンジンの設計、製造を命じられる。

原田は長野工業学校の出身で、河原潤次の後輩である。喜一郎が「電気炉のメルターを養成したいが、誰かいませんか」と訊いてきたので、河原は機械電気科を出て第三種電気主任技術者の資格を持つ原田を推薦した。

ところが、電気炉のメルターとして養成するはずなのに、喜一郎はなぜか原田を紡織工場に行かせ、「所要動力に関する研究」をせよと命じた。動力とは、具体的には織機や紡錘機を動かしているモーターのことで、そのモーターの最も効率の良い回転数を調べることが与えられたテーマであった。喜一郎は、学校を出たばかりの原田がどうやってそれを調べるのか試したのである。

「お前はここだ、と会社の事務所の二階の喜一郎さんの部屋に机を与えられましてね。でも、朝七時に出勤するとすぐ工場に行くので、喜一郎さんに会うことは滅多にありませんでした」

大正二年生まれの原田は豊田自動織機製作所専務を最後に引退し、取材当時（二〇〇一年）、八十八歳だったが、矍鑠《かくしゃく》としていて当時のことを昨日のことのように語った。

原田は女工と一緒になって織機を動かし、一台のモーターで稼働させる織機の数、回転数などの限界を調べた。次いで、織機の数や回転数ごとに段階を分けて、消費電力のデータを取った。そして毎日、取ったデータをレポートにまとめ、喜一郎の机に提出したのである。

日中はほとんど席にいない喜一郎は夜、戻ってきてこのレポートを読み、翌朝には丁寧なコメントが残されていた。これが半年続いて、原田は鋳物工場に投入された。

喜一郎は入社して一年に満たない原田に、電気炉熔解を任せた。電気炉は一年以上前に設置され、ベテランの鋳物師が悪戦苦闘していたが、どうにもならずにいた。

前にも書いたが、鋳物の世界は伝統的な徒弟社会である。ドロドロに熔けた鉄を扱う危険な職場で、部外者は口が出せず、熟練の親方が取り仕切っている。喜一郎はその世界に、あえて鋳物にはまったくの素人で、二十歳になったばかりの原田を投じたのだ。従来の鋳物師の世界をぶち壊す人事で、原田の態度次第では半殺しにされかねない。

それだけでも大変なのに、原田には豊田の将来もかかっていた。電気炉による高級鋳鉄ができないことには、自動車参入は覚束《おぼつか》ないからである。

原田は喜一郎の期待以上の働きをして、電気炉熔解による高級鋳鉄の製造に成功する。原料の屑鉄《くずてつ》に含まれる炭素やシリコンの分析や熔解温度のデータを収集し、論理的に実験を積み重ね、半年もしないで電気炉熔解を可能にしたのだ。原田を手元に置き、「所要動力の調査研究」をさせて粘り強いデータ収集と論理的な分析能力、仕事を遂行する責任感など、人物と能力を見抜いたうえで行なった喜一郎の大抜擢が、見事に成功したのである。懸案だった鋳物工場を近代化する人材を得て鋳物部品の目処《めど》がつき、小型モーターの試作も成功して、喜一郎はいよいよ自動車参入を公にする自信を得るのである。

第5章

喜一郎、走り出す

【1】自動車部設立と利三郎との軋轢

板囲いの秘密研究室

昭和八（一九三三）年の秋、喜一郎《きいちろう》は例によって突然、河原潤次《かわはらじゅんじ》に奇妙な命令をした。河原の自伝から状況を再現すると、こんな感じになる。

「工場の一角で、かなり広い場所を用意してくれませんか」

河原は急いで、製品倉庫の一角で空いているところを用意し、喜一郎に見せた。

「よし、これだけ広ければいいだろう。大急ぎで囲いをつくってください。外から覗かれないように、鋸屋根《のこぎりやね》（鋸の刃状の屋根）の天井の隅までお願いしますよ」

河原は理由を訊いてはいけないと思い、何も訊かずにただちに営繕係に囲いをつくらせる。翌日、現場を見た喜一郎は、次の工場の全休日を確認し、その日は河原だけ出勤するようにと命じた。そして当日、河原が出勤して待っていると、暗くなってから喜一郎当人がGMのシボレーに乗って現れ、その車ごと囲いのなかに入ってしまったのである。

それ以後、夜になると喜一郎や大島理三郎のほかに岩岡次郎、白井武明、千種治郎吉《ちくさじろきち》など研究室のメンバーが板囲いされた一角に集まるようになった。そして彼らは持ち込んだ自動車を分解し、部品の一つひとつをスケッチし始めたのである。

この秘密の研究室のある製品倉庫は、回りを組立工場や鉄工場、工務室、設計室、試作工場などが取り囲んでいて、部外者が入ってくることはまずない。しかし、従業員は製品倉庫なのでいくらでも入ってくる。そして、秘密めかして板で囲った部屋を見るたびに、好奇心をかき立てられるわけである。

機械工場の一角で玩具《おもちゃ》みたいなエンジンを組み立てていた頃は、会社の幹部たちは、道楽で小型エンジンを分解・組立てるくらいなら金もかからないし、プラット社の一時金は分けてくれたたし、御曹司にうるさいことを言わなくてもいいだろうと思ったに違いない。

だが小型エンジンのときと違って、今度は工場の一部を大袈裟《おおげさ》に板囲いした。ここで秘密の研究をしてますよ、とアナウンスしているようなものである。何をやっているかも、技術者が出入りしているのだからいずれわかってしまう。板囲いの本当の意味は、部外者が入ってきて見られないようにということと、これは極秘の事業だぞ、と従業員に告知するためであろう。

そして、ここまで大袈裟に始めたということは、ハッキリと自動車を始めることについて、利三郎《りざぶろう》の了解を取り、豊田自動織機製作所の事業として始めたということになる。

喜一郎が利三郎に、自動車産業への進出構想を打ち明けたのはいつか。これには諸説あり、トヨタ自動車では昭和八年九月一日を喜一郎が初めて利三郎に打ち明けた日として、この十年前に関東大震災の起きた日を、自動車部発足の日としている。それをあえて否定する材料もないのだが、実際にはそれよりも前に喜一郎が自動車参入をどんどん進めてしまい、黙認していた利三郎があまりにも設備投資に金がかかるので問い詰め、そこで初めて二人の間で自動車参入について激論が始まったというべきだろう。

これについても、有名なエピソードがある。

利三郎の立場

喜一郎が本気で自動車進出を考えていると打ち明けたとき、利三郎は大反対した。

「喜一郎、道楽なら大目に見てきたが、本気で自動車をやるとなれば、話は違うぞ。三菱のような大財閥でも手に負えなかった自動車に田舎財閥の豊田が手を出したら、自動織機ばかりか本体の豊田紡織まで危なくなってしまう。豊田を預かるわしがそんな話を許せるはずがなかろうが。ダメだダメだダメだ」

利三郎と喜一郎の義兄弟は、自動車参入をめぐってついに衝突した。佐吉亡きあと、二人の衝突に口を挟めるのは、利三郎の妻で喜一郎の異母妹の愛子だけである。というのも、これは自動車参入というグループの経営方針をめぐる対立であると同時に、複雑な豊田家の問題でもあるからだ。

愛子は普段、仕事には口を出さず、夫を支えるタイプの女性だったらしいが、このときは兄・喜一郎の夢を叶えてほしい、と利三郎を涙ながらに説得したという。この愛子の説得によって利三郎が折れて喜一郎の自動車参入に資金を出すことを認めた、というエピソードが遺っているのである。

愛子の存在が利三郎と喜一郎の決定的な亀裂を防いだことは間違いないだろう。もしここで喜一郎と利三郎の対立が決定的なものになったとすれば、今日のトヨタ自動車はなかったかもしれない。

実は、この二人の対立の背後には二つの人脈の流れがある。これは、豊田グループが豊田紡織に始まり、豊田自動織機、トヨタ自動車と発展し続けた大きな要素でもあるのでここで触れておく。

豊田グループ（トヨタ自動車工業設立以前の豊田系企業についてはこう呼ぶ）は、豊田家が創業家となっている。そのことに間違いはないが、児玉家系も同じくらい寄与しているのだ。児玉一造は佐吉に肩入れし、自己資金も出して豊田紡織を立ち上げたあと、実弟の利三郎を投入した。さらにその補佐に岡本藤次郎を付け、遠縁で弟分の石田退三《いしだたいぞう》も投入した。

つまり豊田グループには、佐吉に繋がる開発・製造サイドの人脈と、児玉に繋がる経理・営業サイドの人脈があるのだ。そして児玉系の人脈には、ポイントポイントで三井物産、東洋綿花、帝国銀行（のちに三井銀行）などから人材が供給されたのである。

佐吉系のトップは喜一郎、英二《えいじ》と受け継がれ、児玉系のトップは利三郎、石田へと受け継がれる。

佐吉と児玉のコンビは非常にうまくいった。二人とも明治の人間で、互いに力を尽くして日本を近代国家にしようという志《こころざし》で結びついていたと思われる。

戦後のトヨタを率いた英二と石田も歳が親子ほども違うし、性格もまったく違うがウマが合い、石田が英二を全面的にバックアップして非常にいいコンビだった。

問題は、喜一郎と利三郎だ。利三郎は喜一郎にとっては妹の夫だから義弟になるのだが、歳が十歳も上である。しかも、佐吉が経営を任せる人材として豊田家に婿養子として迎え入れた。佐吉は自分の発明を完成させるには、事業をきちんと経営してくれる人材が欲しい。自分は国家のために発明をしているのだから、息子が事業を継ぐかどうかは二の次、という考えだったに違いない。

利三郎は、佐吉の事業の後継者として豊田家に入ってきた。歳も十も上である。喜一郎は、これを弟と呼ぶことはできない。といって兄さんと呼んでしまっては、自分の立場がなくなってしまう。

互いに相手をどう呼ぶか。微妙な問題だが、これは大正十（一九二二）年、喜一郎、利三郎、愛子の三人で行なった半年にも及ぶ欧米旅行から帰ってくると、互いに利三郎、喜一郎と呼び捨てで呼び合うようになっていた。互いに同格の義兄弟として認め合ったと解釈すべきだろう。長期間、サシでつき合って、喜一郎が利三郎に自分の存在を認めさせたということである。弟扱いされても仕方がないところだから、実質的には喜一郎の勝ちを意味すると思う。

もちろん、勝ち負けをいうのはおかしいが、存在感、考えの深さ、胆力、蓄えられたエネルギー、自制心、意志の強さ、そういった地の部分での勝負付けが、端的に相手の呼び方に表れる。そして、ギリギリの判断でどちらの意志が通るかという場面では、やはり地の部分での勝負付けがものをいうのだ。

したがって、愛子が味方をしなくても、利三郎は最終的には喜一郎に押し切られただろうが、愛子が気を揉《も》んで夫に意見を言わねばならないほど、利三郎も突っ張ったことは間違いない。

利三郎としては、形は豊田家の人間だが、背後には児玉系の人々がいる。営業畑の人間たちもいる。さらに、利益を上げている紡織で働いている従業員の立場も考えねばならない。そもそも、喜一郎の小型エンジン研究の〝道楽〟に対してさえ、豊田グループ内の空気は決して好意的ではなかった。利三郎としては、そういう意見も代弁しなければならないのだ。

そして喜一郎と利三郎の緊張は、自動車部発足時よりも、そのあとのほうがもっと深刻になっていくのである。

「発明狂は一代だけでじゅうぶん」

その頃の社内の雰囲気を、石田退三が自伝で巧みに綴っている。

もともと、自動車の国産化は難事中の難事とされ、これまでも、二、三の人びとの間にその試みはあったが、いずれも物の見事に失敗、自動車の製作は国内産業でのタブーとされ、なんでもござれで事業を手がけてきた三井、三菱さえ、当時はまったくこれに手を染めようとしていなかったのだ。そこへ豊田のこの踏み出しである。

「豊田もどれほどの財閥かしらぬが、自動車を創《はじ》めるとは、とにかくいい度胸だ」と、世間では冷やかし半分にながめていたほどのものだ。それも世間ばかりではない。豊田部内でも、必死に自動車と取り組んでいたのは、喜一郎さんとその一党の「火の玉」組だけで、その他はおおよそ「これは困りもんだ」という総批判であった。

何を隠そう、わたくしも御曹司《おんぞうし》の「自動車気違い」に、「困ったものだ」という批判派の一人、それも、どちらかと申せば、反対意見をのべる急先鋒《きゅうせんぽう》だった。今からかえりみると、たしかに狭量、浅見のいたりで、まことにもってお恥かしいしだいであるが、事実は事実として、正直に告白しておかねばなるまい。

話は少し余談に亘《わた》るようだが、わたくしの「自動車ぎらい」はヒョンなことにも絡《から》まっていた。ちょうど喜一郎さんが自動車研究にはいった昭和八年ごろ、豊田紡織の拡張プランで長野県（井上村）へ出かけた。工場敷地の買収交渉である。（中略）村長相手にスンナリ話はまとまって、適正値段での調印も無事にすんだ。それだけではない、工場を建てるとなると、すぐ確保しておかねばならぬのが電力で、これも信濃川電力を相手に、キロ七厘というべらぼうな安値契約ができた。当時刈谷では一銭三厘の電力を使っていたので、この七厘がいかに格安であるかはわかろう。（中略）

ところが、帰社して利三郎さん（社長）へ報告にいくと、どうもその後がよろしくない。

「石田君、せっかくのお骨折りだが、紡績の拡張は取りやめにするよ」

という寝耳に水だ。わたくしとしてはオニの首でも取ってきた気持ちなのに、その手柄首を捨ててしまえとは、意外にもまったくひどいことになったものだ。わたくしも気負いこんでその理由をただすと、

「実はこんど、喜一郎に新しく自動車の仕事をやらせることになった。オヤジが特別に出してくれた金もいくらかはあるが、これに力を入れるとなると、カネはなんぼあっても足りない。紡績のほうは後回しだ。すまないが長野のほうのことはみんな断ってきてくれ」(中略)

この解約旅行のつらかったことは今でもちょっと忘れられない。

そのさい、わたくしもいいたいことだけはズケズケいったものだ。利三郎さんとは古い友達だったから、そのへんの遠慮はない。

「豊田にどれだけの実力があるかしらぬが、三井、三菱でもやらぬ自動車をどうしてやるんですか。それも本業の紡績や織機を抑えて、どうしてウチがやらんならんのか。佐吉翁の遺言はたいせつかも知れぬが、発明狂は一代だけでじゅうぶんでしょう。二代、三代と続いちゃあ、せっかく築きあげたものまでフイになってしまいましょうに——とにかく、喜一郎さんの自動車道楽はやめにしたほうがいい」(『商魂八十年』)

石田の「発明狂は一代だけでじゅうぶんでしょう」という台詞《せりふ》は凄い。この一言が、喜一郎に対する当時の社内の雰囲気をすべていい表しているといえるだろう。経営のわからない危なっかしい御曹司をなんとか抑えてくれ……。

喜一郎の本当の能力は、まだまだグループ内では理解されていなかったといえる。

グループ内の大勢が喜一郎の研究を危惧しているなかで、利三郎がなぜ喜一郎の本格的な自動車参入にＯＫを出したかというと、昭和七年から景気が回復し、織機と精紡機の売れ行きが伸び始め、翌年になるとさらに鰻登《うなぎのぼ》りの様相を呈していたからである。織機と紡機が売れるということは織布も売れるわけで、いったん好況になると、グループで五百万円くらいの金を捻《ひね》り出すのは難しくはない。

昭和五（一九三〇）年一月の金輸出解禁・実質金本位制復帰が引き起こしたデフレによってハードランディングというべき社会的混乱が起きたが、潰れるべきところが潰れ、昭和六年八月施行の重要産業統制法で混乱も落ち着いた。そして、続く九月の満洲事変勃発でガラリと戦時特需を期待する空気となり、十二月の金輸出再禁止で為替《かわせ》が安定し、輸出が好調となった。

昭和七年三月に満洲国建国宣言が出され、五月に五・一五事件が起こり、日本は軍国主義化が進む。ドイツでも七月にはナチスが総選挙で第一党となって、ヨーロッパ、アジアともに軍事的な緊張が高まる。

そんななかで、日本の紡織業は空前の好況に沸き始めていた。昭和八年には、日本の綿布輸出は世界第一位となる。

豊田自動織機製作所の売上げは、佐吉が死去し、争議が起きた昭和五年度が約百五十五万円である。それが六年度は約二百万円、七年度は約三百万円、以後、急激に増え続けて、一二年度にはついに一千六百九十二万円にもなっている。六年間で十倍になった。これは豊田自動織機製作所だけの売上げだから、豊田紡織本社をはじめグループの紡織会社も含めれば、厖大《ぼうだい》な利益を上げたはずである。

利三郎が自動車進出を認めたのは昭和八年の秋だが、続々舞い込む自動織機や紡績機の注文に、未曾有《みぞう》の好景気がやってくる手応えを感じていたはずである。

それからもう一つ、利三郎が喜一郎に同意した理由がある。前章で述べたような国の国産車育成方針への転換と、それに伴う他社の動きだ。ここで、昭和六年九月の満洲事変勃発以降の自動車業界の動向を見ておこう。

超大物、鮎川が乗り出す

陸軍省、商工省、鉄道省は、国産車育成のためには企業規模の拡大が早道だと、石川島自動車製作所と東京瓦斯《ガス》電気工業およびダット自動車の三社に合併するように勧告してきた。この三社は、商工省が昭和六年に設計させた標準型式自動車の製造に参加した企業なので、政府としては好都合と考えたのだろう。だが合併を嫌ったダット自動車は、鮎川義介《あいかわよしすけ》の戸畑鋳物株式会社に株を売却して子会社となってしまうのである。

政府は国産三社の合併策を振出しに戻し、三井、三菱、住友などの大財閥に自動車産業への進出を要請し、先の三社も参加させ、国産自動車会社の大合同を画策した。しかし三井、三菱、住友などの大財閥はどうやってもフォード、ＧＭには追いつかない、と後込《しりご》みした。利三郎や石田などが「三井、三菱でも自動車には手を出さなかったのに」というのは、こういう経緯があったからである。

財閥に逃げられた政府は再び、ダット、石川島、東京瓦斯の三社に合併するよう強力な圧力をかける。ダット自動車を子会社にした鮎川は政府主導の合併を嫌って、昭和八年三月、ダット自動車の大阪工場の設備一切並びに小型乗用車「ダットサン」とその部品の製造権を獲得したあと、ダット自動車から手を引いてしまった。鮎川の狙いは、年産わずか一千台を目標とした標準型式自動車などではなく、普通乗用車の量産だったのである。

鮎川が手を引いたダット自動車は石川島自動車製作所と合併、昭和八年三月一日、資本金三百二十万円の自動車工業株式会社となる。なおこの会社は、昭和十二年四月に東京瓦斯電気工業自動車部と合併して東京自動車工業となり、のちのいすゞ自動車に発展する。

鮎川義介は、喜一郎にとっては東京帝国大学の機械工学科の遙《はる》か先輩にあたる。また、喜一郎の妻の二十子《はたこ》は高島屋を近代的なデパートにした飯田新七《いいだしんしち》の長女だが、鮎川の妻の美代も飯田一族の出身である。高島屋の飯田家を通して喜一郎と鮎川は姻戚関係にあるので、両者はまんざら知らない仲でもなかっただろう。日産の創設者とトヨタの創業者が、遠いとはいえ姻戚とは不思議な因縁だ。

それはともかく、鮎川は東大卒業後、芝浦製作所に入るが、一念発起して米国に渡る。そして自ら一職工となって鋳造《ちゆうぞう》技術を学んで明治四十三(一九一〇)年に帰国すると、戸畑鋳物株式会社を創業した。まさに日本の鋳造機械工業の草分けである。

鮎川は戸畑鋳物で成功したあと、大正九(一九二〇)年、日本の鉱山王と称され、政商、怪物といわれた義弟の久原房之助《くはらふさのすけ》に代わって久原鉱業所を経営し、同社を日本産業株式会社と改称、満洲重工業も擁して一大コンツェルンに育てあげた。大正から昭和にかけて、一代でそれこそ財閥を築いた実業界の大立て者である。

ダット自動車製造の大阪工場を手に入れた鮎川は、直ちにダットサンおよびフォードやシボレーの部品製造を開始した。さらに昭和八年十月、横浜の埋立地に広大な土地を確保。

同年十二月二十六日、戸畑鋳物の自動車部を独立させ、資本金一千万円で自動車製造株式会社（のちに日産自動車株式会社と改称）を設立した。そして横浜に工場が完成すると、旧ダット自動車大阪工場の設備を移転し、たちまち小型乗用車の量産体制を築くのである。

鮎川は政府勧告によるややこしい合併こそ嫌ったが、その狙いが陸軍省や商工省の国産車育成策に対応したものであるのは明らかであった。

自動車産業にいよいよ国のテコ入れが始まる。それを狙って大物が乗り出してきた。いま、ここに食い込まなければ、大成長分野と目される自動車に参入することは難しくなる。

喜一郎は政府の動きについて的確な情報を持っていた。中学、大学時代の同級生の坂薫《ばんかおる》が、商工省で国産自動車工業の保護育成を担当していたのである。また、同じく大学の同級生の隈部一雄《くまべかずお》は、商工省の国産自動車工業確立調査委員会の臨時委員であった。

利三郎は喜一郎から確かな情報分析を聞き、国産車の開発がこの国の産業の発展にどうしても必要であるという認識に立ったうえで、なお事業として成算があると喜一郎が判断して、自動車参入を主張していることを理解していたはずである。

【2】「火の玉組」奮戦

業界を驚かせた喜一郎の荒技

利三郎の同意が得られると、喜一郎はさっそく自動車部の人選をした。まず、自動車部のトップに大島理三郎を置き、その下で岩岡次郎と白井武明にエンジンの設計を担当させる。試作は大島が指揮し、製造は千種治郎吉が担当することになった。製造は各工程で多くの養成工や専門の職人を使うことになるので、まさに現場での陣頭指揮になり、大変な仕事である。

原田梅治《はらだうめじ》は、自動車部というよりは喜一郎直属の鋳物《いもの》工場改革部員として、エンジンの鋳造で重要な役割を果たす。これについては後述する。

ずっと喜一郎に付いてきた河原は、喜一郎から直々にこういわれた。

「紡織機担当の大島君と岩岡君に、自動車関係の調査企画をやってもらうから、紡織機部門の工務製造全般を君に任せる。（中略）何としても紡織機部門が好調で、しっかり利潤をあげなければ、自動車の研究は進まない。岡部さんによく指導を受けて、しっかりやって欲しい」（『メキシコまで—河原潤次自伝』）

これで紡織機製造は岡部岩太郎、河原潤次のラインとなったわけだ。岡部はこの頃、豊田自動織機においては利三郎、喜一郎に次ぐナンバースリーとなっている。

喜一郎のアドバイスを受けつつ、岡部、河原は精紡機の開発を続け、昭和十二（一九三七）年についに画期的なスーパーハイドラフトリング精紡機を発明する。自動車に参入しても、喜一郎は織機、精紡機の改良を怠《おこた》ることなく、競争力を高めてシェアを拡大していったのである。

自動車の製造は、社内の人材だけではとても足りない。喜一郎は、社外に即戦力となる人材を求めた。そのなかで業界をあっといわせたのが、菅隆俊《かんたかとし》の引き抜きである。

菅は大正三年に東京高等工業学校を卒業し、豊田式織機株式会社に入社。中京デトロイト化計画では、「アツタ号」のエンジンの鋳造をした人物である。豊田式織機の自動車事業の中心メンバーで、中京デトロイト化計画のキーパースンだ。

豊田式織機はアツタ号のあと、わが国初の低床式バス「キソコーチ号」を開発し、昭和八年夏頃は日本車輌、大隈《おおくま》鉄工所、愛知時計電機などと資本金一千万円くらいの本格的な自動車会社（仮称・中京自動車工業株式会社）を設立すべく協議を重ねていた。アツタ号開発のときには誘わなかったが、この段階では豊田自動織機製作所にも声をかけていた。

菅は、もしその会社が設立されたら、開発製造の中心に座る人材である。その人物を喜一郎が引き抜いてしまった。各社とも自動車参入の決断ができず、もたもたしていたからである。中心人物を引き抜かれて、中京自動車工業株式会社構想はガタガタになってしまった。結局、鮎川や喜一郎のように、信念を持って決断し、ぐいぐい引っ張っていくリーダーがいなければ合併もできないし、会社一つ設立できないのである。

それにしても、人付き合いが得意とも思えない喜一郎に、どうしてそんな芸当ができたのか。菅自身が、そのときのことを次のように語っている。

「その時、豊田さんがいわれるのには、年来の希望であった国産自動車製造事業を実現したいのだが技術屋が全然見当らない。ついてはこの事業のために来てもらえないかというお話でした。私は自動車について特別の知識をもっていたわけではないが、アツタ号に関係し、その後キソコーチなどもつくってだいぶ自動車に興味をもっていたのと、もう一つ大衆車の国産化ということが非常に私の気持ちを引き立たせたので、私は豊田さんのところにまいって大いに協力することに致しました」（『創造限りなく―トヨタ自動車50年史』）

このコメントをよく読むと、ポイントが二つあることがわかる。まず一つ目は、「国産自動車製造事業を実現したいのだが技術屋が全然見当らない」という部分だ。これは「君以外にいない、君を中心に自動車製造業をやる」と喜一郎がいったと理解していいだろう。豊田財閥の御曹司で、しかも発明製造部門を率いる第一級の技術者でもある喜一郎が単刀直入にズバリと言ったので、菅は驚くと同時に感激したに違いない。

第二のポイントは、「大衆車の国産化」という部分である。この話が出たということは、喜一郎が何をやろうとしているか、すべて菅に話したということだ。普通、トップが考えている事業計画など、よほどの腹心に対しても話さないものである。この時点では、喜一郎が自動車に本格参入すること自体、まだ社内でも一部の人間しか知らないことだ。まして、小型車でもトラックでもなく大衆車・乗用車を狙っているなど、秘中の秘である。

そこまで自分を信頼して、任せるからやってくれといわれたら、やる気のある人間なら飛び込むだろう。菅は昭和八年十一月、豊田自動織機製作所の自動車部に入社、昭和十一年には取締役となる。

同じ頃、喜一郎は大同《だいどう》製鋼の技師長を経て自分で工具工場を経営していた深田弁三（のちに豊田製鋼取締役）のスカウトにも成功している。口説き方は菅のときと同じである。自動車工業、それも大衆車・乗用車をやると話し、自動車用の鋼材が必要だが自分にはわからない、万事任せるから好きなようにやってほしい、と誠心誠意話すだけである。一流の技術者は技術者同士、伝わるものがあるのだろう。深田も喜んで飛び込んできた。

このあと、喜一郎がスカウトした大物たちにもここで触れておこう。昭和九年早々には、白楊社《はくようしゃ》で小型乗用車の「オートモ号」を設計し、その後、東京瓦斯《ガス》電気工業で特殊車両の設計をしていた池永羆《いけながひぐま》（のちにトヨタ自工常務）が入社。ほとんど同時に、日本エヤーブレーキ株式会社で三輪自動車の試作を担当していた高校・大学時代の親友、伊藤省吾も入社。

さらに昭和十年には、初の大学卒業生採用第一号となる齋藤尚一（のちにトヨタ自工会長）が入社。同年十月には、日本ゼネラルモータース（以下、日本GM）の販売広告部長だった神谷正太郎を、花崎鹿之助、加藤誠之《かとうせいし》の二人の部下もろとも引き抜いた。神谷、加藤については、あとで詳しく触れる。

昭和十一年には、従兄弟《いとこ》の豊田英二が東京帝大工学部を卒業して入社。翌十二年には、白楊社で自動車部品材料を調達していて、その後、スプリング工場を経営していた大野修司（のちにトヨタ自工副社長）が、喜一郎の部品探しにつき合っているうちに喜一郎の人柄やスケールの大きさに惚れ、東京の自分の会社をたたんで入社する。

こうして、その後のトヨタの各部門を背負う人材を、喜一郎はたちまち集めてしまったのである。

自らが火の玉と化す

自動車事業をやると決意してからの喜一郎は、それまでの喜一郎と別人の観がある。自動織機の開発をしているときも実に仕事熱心で多忙を極めていたが、佐吉が健在だったせいか鈴木利蔵や大島理三郎、岡部岩太郎などとともに一技術者に留まっていた。ところが自動車を始めると、自ら先頭に立って理想を述べ、方針を示し、ときに闘い、部下たちを励まし育てるといった、一つひとつの言動が鮮やかに際立ってくるのだ。

私生活でも、昭和八年には名古屋市郊外の八事山《やごとやま》に近い南山町に、小さいが洒落《しゃれ》た温室付きの別荘を建てて移り住んでいる。ベランダに付属するガラス張りの温室以外にも、広大な敷地に本格的な温室をつくり、さまざまな花を育てて楽しんだ。しかし、喜一郎は花づくりよりも池づくりが有名だ。長男の章一郎《しょういちろう》や次男の達郎《たつろう》に手伝わせ、自分でシャベルで土を掘り、コンクリートを流し込んで池をつくるのである。のちに東京の赤坂、世田谷の等々力《とどろき》などに家を持ったが、必ず池を自分でつくった。池には自分で釣ったハヤやフナなどの雑魚《ざこ》を放して悦に入っていたという。子供の頃を過ごした吉津《よしづ》村の生家前の小川で、佐吉とした〝かいぼり〟が忘れられないのかもしれない。

いずれにしても、喜一郎の人生で最も忙しかったと思われる自動車事業参入のときに、過去を振り切るように別荘をつくり、移り住んだのだ。

何かを吹っ切った喜一郎は、手並みも鮮やかに業界で名の売れた技術者を次々とスカウトした。そしてスカウトした者たちへ、やるべきことを素早く指示した。

まず菅隆俊には、自動車試作工場の設計と工作機械の調達を命じた。深田弁三には、自動車用特殊鋼を製造するための製鋼所の建設を命じた。さらに試作工場の次の段階の量産工場用地を求めて精力的に調査し、昭和八年の十一月に、早くも挙母《ころも》町長に工場用地の斡《あっ》旋《せん》まで依頼した。

そして、鮎川義介が横浜の埋め立て地に広大な敷地を確保し、自動車工場の建設を始めたことを知ると、自動車参入に対する利三郎の内諾をより確実なものとするために、年末に急遽、緊急役員会の召集を要請するのである。

昭和八年十二月三十日に開催された役員会では、自動車製造を始めるための増資と定款の書き換えが決定された。役員の多くは、喜一郎の自動車参入を危惧していても、口に出して反対する者はいなかった。

そして翌九年一月二十九日、豊田自動織機製作所は臨時株主総会を召集、常務である喜一郎が議長を務め、資本金を百万円から三百万円に増額することを決定した。続いて定款の変更を行ない、事業目的に「原動機及動力運搬機械ノ製作売買」と「製鋼製鉄其《ソノ》他精錬ノ業務」を付け加えた。

菅はこの総会が開かれるより前、一月十八日に、アメリカに向けて出発していた。工作機械の買い付けである。アメリカでは、大島理三郎がニューヨークで待ちかまえていた。

大島は、プラット社との間の自動織機に関する特許権譲渡問題の最終的な協議のために、前年の秋から英国に渡っていたのだ。これは、プラット社が「プラット・トヨダ」自動織機の製造がうまくいかないので、十万ポンドも払えないから契約を改定してほしいと言ってきたからである。大島は大幅な減額を呑み、喜一郎からの連絡で引き続き、自動車工場用の工作機械の買い付けに回ったのである。

大島は、自動車開発には小型ガソリンエンジンの分解からかかわっている。試作したエンジンを自転車に装着して、若い岩岡や白井などと工場の敷地内を乗り回したりしていた。佐吉に育てられた長老だが、親分肌で好奇心が旺盛、臨機応変に何にでも対処できる喜一郎の腹心の技術者だ。

喜一郎は、前回の欧米旅行でドイツやアメリカの工作機械を入念に調査していたので大島に的確な指示を出し、現物を見て購入するかどうかは大島に任せた。ドイツで目当ての工作機械を購入し、名古屋に向けて発送すると、大島は直ちにアメリカに向かう。アメリカでも工作機械メーカーを精力的に視察し、必要な機械はどんどん購入した。「金を惜しむな。惜しむくらいなら最初から自動車などやらないほうがましだ」と喜一郎から指示されていた。

大島はフォードに出入りしている機械メーカーの幹部に付いて行って、フォードの工場にも潜り込んだ。しかも、素知らぬ顔で鋳物工場の砂や「バリ」といわれる鋳鉄屑《ちゆうてつせつ》などを拾ってポケットに入れた。そしてこの砂が、トヨタの危機を救うことになる。

アメリカで菅と落ち合い、自動車試作に絶対欠かせない歯車をカットする工作機械や研磨機、プレス機などの購入品目を決め、大島は帰途に就いた。その際、いかにも大島らしいのは、ニューヨークからロサンゼルスまで、自分で自動車を運転して北米大陸を横断したことである。

一方、菅はその後、半年もアメリカに滞在し、フォード、GM、クライスラー、パッカード、ナッシュ、グラハムページなどの自動車工場を子細に視察。エンジンやクランクシャフト、デフレンシャルギアなどの重要部品の製造工程や組立工程などを学び、部品材料や工作機械を調べた。喜一郎が若い頃、プラット社で織機の製造過程を綿密に調べたのと同じことを菅にやらせたのである。

日産をつくった鮎川のように、すでにある製造工場を社員ごと一式買い取ってしまえば、翌日から自動車の製造ができるし、技術も難なく学べるのだが、それは佐吉譲りの独自開発主義者である喜一郎のやり方ではない。

菅が米国で必死で学んでいる間、刈谷で菅の設計図に従って試作工場をつくっていたのは岩岡次郎である。岩岡は苦労していた。

「私なんか一番困った立場でしたね。命令は喜一郎さんからじかにきますが、別の重役がすべてのハンコを握っておられましたからね。だから、建物を建てるにしても、機械を買うにしても伝票は全部その重役のところにいく。すると『私はこんな話聞いとらん』とくるわけです。もうことごとにそんな調子で……。そこをなんとか粘りに粘ってハンコをもらったもんですよ」（『トヨタのあゆみ』）

試作工場とはいえ、板金《ばんきん》工場一千坪、機械仕上げ工場一千坪、倉庫五百坪、材料試験室二百坪と、このほか九百坪の製鋼所もあるのである。建物自体は粗末なバラックとはいえ、これだけ大きな工場が次々と豊田自動織機製作所の敷地内に建てられると、道楽にしてはやることが大きすぎないか、と他の部署の者は心配になるだろう。

試作工場は昭和九年三月に、製鋼場は同年七月にそれぞれ予定どおり完成した。

エンジンはできたか

試作工場の建設は予定どおり進んだが、肝心のエンジンがなかなかできなかった。鋳造技術には、喜一郎は自信を持っていた。早くからモールディングマシンを導入し、電気炉による高級鋳鉄も製造している。そのおかげで、織機や紡績機の複雑な部品も鋳造でつくってきた。自動車に進出できると喜一郎が考えたのも、この技術があるからだ。

ところが、エンジンにはまったく歯が立たなかった。

試作しようとしたエンジンは、一九三三年型シボレーのエンジンを分解してスケッチし、それを基に設計したA型エンジンである。要するにシボレーのコピーエンジンだが、これがつくれないのである。

昭和九（一九三四）年の春から、鋳造技術者の池田茂勝、原田梅治、鋳物工長の佐藤亀次郎らがさまざまに工夫して、砂で鋳型をつくっては「湯」（熔解した鉄）を注入することを繰り返した。だが鋳型が崩れたり、中で溜まったガスが抜けずに鋳型から湯が吹き上げたりと、それまでのやり方ではどうにもならないのである。鋳造を担当した原田梅治がいう。

「エンジンのシリンダーブロックのような複雑なものになると、鋳型をつくる砂そのものからして考え直さねばならなかった。それまでは熟練工が経験と勘でやっていたが、それではできなかった」

原田は、全国各地の砂を試すことから始めた。いい砂があると聞けば、朝鮮半島や中国の砂も求めた。松ヤニの含まれたおがくず、白粉《おしろい》の粉として使われるベントナイトなど、砂に混ぜる材料も研究した。

自動車部の試作工場の内部

喜一郎は毎日、鋳型に湯を注ぐ頃を見計らって鋳物工場にやってくる。だが喜一郎の見守るなか、来る日も来る日も失敗で、勘に頼る熟練工たちはついに匙《さじ》を投げた。

一方、原田は失敗のデータをつぶさに分析し、朝鮮銀砂にベントナイトをまぜると鋳型の成形がきれいにいくことを突き止めた。また、丸善から欧米の技術書や専門雑誌を取り寄せて池田たちと研究すると、アメリカの業界紙『ザ・ファクトリー』に、リンシード・オイルを砂に混ぜる技法が紹介されているのを見つけた。リンシード・オイルとは亜麻仁油《あまにゆ》である。

ちょうどその頃、大島が米国から帰ってきた。鋳物工場に顔を出した大島が「はい、おみやげ」

と、小指ほどの砂の入った瓶を原田たちに手渡した。フォードの鋳物工場でポケットに入れた砂である。

さっそく分析すると、砂は朝鮮銀砂にそっくりで、油は桐油《きりあぶら》だった。こうしてようやく基本データを摑んだときには、すでに半年近くがすぎていた。

大島に続いて戻ってきた菅以下、担当者は連日、鋳物工場に泊まり込むようにして試行錯誤を続けた。一番苦労したのは、エンジンを冷やすためにシリンダー壁のなかにつくるウォータージャケットの部分である。エンジンはシリンダー内で燃料を爆発させるために、高温となる。そのままではエンジンそのものが焼けてしまうので、冷やす必要がある。空冷式のエンジンの場合は、エンジンの外側を蛇腹《じゃばら》のようにして表面積を増やし、空気で熱を逃がす。

水冷式の場合は、シリンダー壁内部に水を循環させて冷やす。したがって、シリンダー壁に水が入る中空の部分(ウォータージャケット)をつくらねばならない。

それには、鋳型のなかに砂で成型した中子《なかご》という中空部分と同じ形の成型物を置かねばならない。「湯」を鋳型に注いだときにこの中子が崩れず、「湯」に熔けず、しかも砂の粒子の間に隙間があってガスを逃がしやすい構造であることが必要だったのだ。原田たちが砂やそれに混ぜる油を研究し、どうやら使用に耐える「油中子」を開発した時には、さらに半年が経っていた。

この砂の問題を解決したことで、原田はボーナス以外に喜一郎から褒美をもらっている。あるとき、鋳物工場でいつものように電気熔解炉の調節をしていると上司が呼びにきた。何だろうと喜一郎の部屋に行くと、いきなり封筒を出して、

「しっかりやりたまえ」

喜一郎はそう言っただけで、照れくさそうに書類に目を落とし、あとは何も言わない。受け取った封筒には「特賞　豊田喜一郎」とあった。正規のボーナスよりも多い額の現金が入っていた。原田は、電気熔解炉の取り扱いに成功したときにももらっていた。喜一郎はいつの頃からか、特別に功績を挙げた者やギリギリまで頑張っている者は見逃さずに、自分のポケットマネーで讃えるようになっていたのである。また、部下が病気をしたり怪我をしたりしたときも必ず自ら見舞いに行き、言葉こそ少ないが、驚くほどの見舞金を置いていった。

普段は仕事以外に言葉も交わさないが、自動車事業を立ち上げるなかで、喜一郎流のやり方で身近な部下たちの心を摑み、緊密な心の結びつきが生まれていた。石田が「火の玉組」と評した喜一郎子飼いの開発軍団の誕生である。

焦る喜一郎と「火の玉組」

最初のA型エンジンの試作に成功したのは、昭和九（一九三四）年の九月二十五日だった。喜一郎以下、工場の全員が見つめるなか、エンジンを始動させると見事に回転した。

「オー、動いた動いた」

さっそく、試作エンジンをシボレーに取り付けて走行試験を始めた。その結果に、試作工場の面々はたちまち青ざめた。同じようにコピーしてつくったはずなのに、馬力が全然足りないのである。シボレーのエンジンは毎分二千八百回転で六十五馬力出るのに、四十五馬力しか出ないのだ。喜一郎は落胆した。

試作工場と鋳物工場の面々は、再び真っ黒になってエンジンの改良に取り組む。喜一郎から与えられた目標は、六十馬力のエンジンを一日五台つくることである。ところが、どうしてもうまくいかない。二カ月、三カ月と時間ばかり経っていく。

部下にも丁寧ないい方をする喜一郎も、さすがに苛立った。昭和十年になってもまだできないので、喜一郎はついに千種たちを前にこういったという。

「あなた方はエンジンをつくるつくるといって、いつになってもできない。わたくしは今日限り、自動車をやめます。君たちにはうんと金をかけているが、チョットもやらない」

困った千種はこう答えた。

「もう少し待って下さい。そうしたらやります」

「わたくしも決心したことだし、あなた方も困ると思うから、もうしばらく待ちますから、できなければやめなさい」

とにかく、忙しく飛び回っている喜一郎が毎日、エンジンの出来具合を見にくるのだから、「火の玉組」には大変なプレッシャーだったに違いない。

馬力の問題は若手技術者の一人、神谷忠一が欧米の技術雑誌の記事にヒントを得て、シリンダーヘッドの形状を変えるアイデアを出したことから解決した。

菅隆俊はこのときの模様を、その手記のなかで次のように語っている。

「……二昼夜ぶっつづけで実験を繰り返しようやく自信を得た。そこで、この形状そのままの木型をつくらせ、それで鋳物を吹かせて出来上がるのを待って試運転にかけて見ました。ところがこれがほんとうの窮余の策から出た実験であったので、だれもこれに大した期待もかけておらず、豊田さんですら、まあやってご覧なさいというくらいであったのでしたが、実験の結果は一挙にして62馬力というシボレーのエンジンと同等以上の成績が出ました。

これを見た豊田さんは全く子供のように飛び上がって諸手《もろて》を挙げて喜ばれました」（『ト

ヨタ自動車30年史』）

その場にいた従業員のほとんどは、このとき初めて喜一郎の笑った顔を見たという。喜一郎はその場で、すでにできていたそれまでのシリンダーヘッド三百個を叩き壊すように命じた。

【3】大衆車路線への賭け

なぜ三千三百八十九ccもの大型車か

エンジンはようやくできた。これは総排気量三千三百八十九ccのシボレーのコピーエンジンであるから、シボレーの純正部品がそのまま使用できる。が、ボディーは独自につくらねばば国産試作車とはいえない。

車全体を支えるフレームとボディーの設計、試作は池永羆《いけながひぐま》の担当である。白楊社でつくったオートモ号は、鉄板を酸素で焼きながら叩いて車体を支えるフレームをつくった。一つひとつ手作業だった。しかし、それでは量産ができない。

プレス機が輸入してあるのでプレスでやろうとしたが、国産の鋼板を使うと割れてしまう。鋼板が均質でないため、プレスをかけると割れてしまうのだ。やむを得ず、輸入鋼板を使うことにしたがコストがかかる。

ボディーも屋根、ボンネット、トランクリッド、フロントフェンダー、リアフェンダー、ドア四枚、アンダーボディーと、大物だけでもざっと十種類のプレス用の金型が必要だ。アメリカに注文すると百五十万円もかかるといわれ、生産台数を考えるとても採算が合わない。喜一郎は一部だけ東京の鉄工所に金型を発注し、当面は板金《ばんきん》職人の手叩きでいくことにした。

デザインは欧米で流行《はや》り始めていた流線型にした。

だが問題は、なぜ三千ccクラスの乗用車の試作からスタートしたか、である。

喜一郎は国産大衆車の開発と発言しているが、喜一郎のいう大衆車とは、あくまでアメリカ基準の〝大衆車〟である。三千三百八十九ccものエンジンを積んだシボレークラスのボディーの車といえば、日本の常識では大型乗用車だ。日産がダット自動車から引き継いだ小型乗用車のダットサンは、七百二十二ccしかないのだ。

日本の国情を考えれば、ダットサンのような一千cc以下の小型車か、トラックの試作から始めるのが普通である。

鮎川は資本力と政治力にものをいわせてダット自動車の工場一式を買収し、一気に乗用車の生産に乗り出したが、豊田のような紡織機会社ならばまずは部品づくりで経験を積み、次に構造の簡単なオートバイやオート三輪車に進むのが順序というものだ。

ところが喜一郎は部品づくりもやらず、身の丈にあったオート三輪車や小型車も飛び越えて、いきなりフォードやシボレーと正面からぶつかる路線に打って出たのである。しかもエンジンはコピー、重要な部品の多くはシボレーやフォードのものを輸入してそのまま使った。

拙速もいいところである。

喜一郎はあえて大衆車を選んだことについて、こう書いている。

「当然儲かる事業を当然な方法でやってゆくよりも、誰れも余りやらない又やり難い事業をものにして見る所に人生の面白みがあるもので、出来なくて倒れたら自分の力が足りないのだ、潔ぎよく腹を切ったら良いではないか、出来る所までやって見よう、どうせやるなら世人の一番六ヶ敷《むずか》しいと云ふ大衆乗用車を作つて見ようと云ふ立場からやり掛ったのです」(『豊田喜一郎文書集成』所収「トヨタ自動車躍進譜」)

「どうせやるなら」ということで、「一番むずかしい大衆乗用車」をやることにしたのだという。「誰もやらないむずかしい事業をやるから人生は面白いのだ」という。

「どうせやるなら」と一言で済ますところがいかにも御曹司だが、実際には喜一郎は情報を懸命に集め、考えに考え抜いて「世人の一番六ヶ敷しいと云ふ大衆乗用車」に運命を賭けたのだ。

喜一郎が自動車部をつくったのは昭和八（一九三三）年九月だった。その前後に大型の大衆乗用車をターゲットとすることを決めたのだが、それを決めるに当たって、喜一郎は当然、世界の政治経済情勢と日本政府の自動車工業についての方針がどうなるか、考えたはずである。

世界情勢はアジア、欧州とも急激に緊張が高まり、いずれは戦争が起こることが避けられない情勢となっていた。

すなわち、昭和六年九月に満洲事変が起きてから、日本ではにわかに軍部が影響力を強め、昭和七年一月、第一次上海事変。三月、満洲国建国宣言へと進んだ。そして、日本の満洲での行動が国際的な非難を浴びて昭和八年三月、日本はついに国際連盟を脱退。もはや引き返すのが難しい段階に至っていた。

一方、ヨーロッパでもドイツでナチスが台頭し、全権を握ったヒトラーは軍備を急速に拡大する。

つまり、自動車事業参入を決定したときには紡績事業や紡織機の販売は好況に沸いていたが、欧州とアジア両大陸で、いつ戦争が始まっても不思議ではない状況になっていたのである。戦争に向けて政府は、自動車工業に対してどのような政策を取るか。戦争が始まったら、世界の自動車産業は、日本フォードと日本GMはどうなるか。

一千ccクラスの小型車ではなくバスやトラックでもなく、三千ccクラスの大型乗用車をターゲットにした理由が、この二つの問いから導き出せる。

マーケット独占のチャンスを見る

政府方針の大筋は、国産車育成ですでに明らかである。だがちょうどこの頃、育成方針の中身が大きく転換した。

これまでは商工省、鉄道省、陸軍省などが規格を決め、それに基づいてつくった場合、なにがしかの補助をするという、いわゆる従来の補助金行政の一貫だった。それもトラック、バスに限られていた。それが、満洲事変で軍事的にも国産自動車工業の育成が緊急課題となり、商工省は直接、民間企業に自動車開発を急ぐよう行政指導を始めた。だが政府の思いどおりに進まず、業を煮やした陸軍省は商工省と協議して日本フォード、日本GMの活動を牽制《けんせい》すると同時に、自らより強力な自動車工業育成策を講じ始めたのである。

自ら前面に出た陸軍省の育成方針は、これまでと明らかに違った。それまでは一貫して輸送用の四トントラックなどの製造を要求していたのだが、それを「もっと軽量で馬力があり、足回りのよい小型トラックを重視する」としたのである。

この方針転換は、満洲事変の結果だった。中国大陸に送られた軍用の四トントラックが、あまり役に立たないことがわかったのである。道の悪い大陸では一雨降ると、車体の重いトラックはたちまちぬかるみに嵌《はま》って動きがとれなくなる。人馬の力では押しても引いても動かない。これに対してフォード、シボレーなどの大衆車クラスの車は、ぬかるみに嵌っても人馬で引き出すことができるし、ボディーをトラックにすれば荷物もかなり積める。アジアでも普及しているので部品も手に入りやすいし修理も簡単、信頼性もある。

さらに陸軍の新方針は、単に小型トラックを生産するというだけではなかった。国産自動車工業の確立を掲げ、フォード、シボレー級の大衆車を大量に生産して民間に利用させ、一朝事ある場合はこれを軍用トラックとして直ちに徴発できるようにするというものだったのである。つまり陸軍は、トラックでも乗用車でも、大量生産して民間で日常的に使用できるようにならないと信頼できる性能の国産自動車はできない、と認識していた。

喜一郎は陸軍の方針転換も、また各社が大型乗用車の量産計画に後込《しりご》みしていることもよく知っていた。商工省の坂薫が自動車政策を担当していて、陸軍省とも自動車政策をすりあわせしていたからである。

実に不思議なのだが、商工省の坂薫、鉄道省の小林秀雄、自動車の権威として政府の委員会に名を連ねている東大助教授の隈部一雄と、この頃、ちょうどいいタイミングで喜一郎の友人が政府の自動車政策に関係していた。

ところで、喜一郎は陸軍省の方針が変わったというだけで、大衆乗用車を狙うことにしたのだろうか。それだけではいささか単純ではないか、と筆者は考える。もう一回り大きな世界情勢と自動車産業について考察してみよう。

自動車産業は兵器産業ではないが、軍需産業でもある。したがって、ヨーロッパで大規模な戦争が起きたら、アメリカの自動車産業はフル操業で生産が追いつかなくなることが考えられる。アメリカが英・仏に味方して参戦したら、日本フォードや日本GMに回す部品の余裕があるかどうか、大いに疑問である。

しかも日本は、中国大陸をめぐって米国との関係が悪化し、国際連盟まで脱退して孤立した。

日米関係が決定的に悪化したら、フォード、GMの部品輸入停止、操業停止もあり得る。さてそうなると、フォード、シボレーが支配している日本の年間約二万台の大型乗用車のマーケットはどうなるか。この圧倒的なマーケットに対応している日本企業は一つもない。戦争によって、誰のものでもない大型車市場という肥沃《ひよく》の大地が突如、目の前に現れるようなものである。

陸軍省主導の自動車政策の転換と、世界情勢の変化によるマーケット独占のチャンス。これだけでも、大型車を狙う十分な理由になる。しかも大型乗用車を狙うことは、最も成長性のあるマーケットで世界のトップを狙い、欧米に輸出して外貨を稼ぐという佐吉以来の基本方針とも合致するのである。

「どうせやるなら」どころではない。参入するなら「大衆乗用車（大型乗用車）しかない」のである。

喜一郎は、このチャンスに他社が気づかぬうちに大型乗用車製造の実績をつくらねばならなかった。陸軍省にも売り込まねばならなかった。

工場での試作車づくりの指示、技術者のスカウト、量産工場づくり、用地買収、若くて未熟な社員たちの志気の鼓舞、ライバル他社の情報の収集、何から何まですべて喜一郎一人でやらねばならない。体がいくつあっても足りない。社内の古参社員やら株主やら、親戚やらに細かく説明している暇はなかった。ただし、利三郎には政府筋の情報、喜一郎の読みと本当の狙いなどを説明し、金の調達と社内の不満のガス抜きを頼んだ……。

喜一郎の桶狭間、東京工作

昭和九（一九三四）年一月、豊田の命運を握る男が陸軍省整備局動員課に異動してきた。伊藤久雄大尉である。

伊藤は陸軍自動車学校で教官を務めていた自動車の専門家で、かねてからフォード、シボレー級の国産大衆車（大型車）の量産体制を築くことが軍事上、および日本の産業の発展にとって肝要であると主張してきた。いってみれば、陸軍省の政策転換の原動力となった人物で、整備局への異動は主張どおり実行せよ、ということである。

伊藤はさっそく商工省と連携をとり、国産大型車育成のために動き出した。商工省で伊藤のカウンターパートとなったのが、ほぼ同時期に工務局工政課長となった坂薫である。まるで昭和九年一月に、喜一郎が自動車進出のために定款を書き換え、資本金を増額したのに合わせたようなタイミングで、坂と伊藤が自動車政策を左右するポジションに登場したのである。

しかし、伊藤と喜一郎が結びつくまでにはまだ少し曲折があった。

伊藤は、ただ合併しろなどと声をかけただけでは埒《らち》が明かない、と三月、陸軍省内に国産自動車型式決定委員会を設置し、フォード、シボレーを標準として部品を共通化し、二種類の大型乗用車の設計に取りかかった。以前、商工省がトラックでやった手法を、陸軍省が主導して乗用車でやることにしたのである。坂もこの案をバックアップし、商工省の型式委員会から委員を出して、隈部一雄も委員になった。

喜一郎は、坂からも隈部からも事態の進行を聞き、ここに俺がいるぞ、とじりじりしていただろう。が、物には順序がある。喜一郎はまだ車を一台もつくっていない。事態は自分の読みどおりとなってきたが、自動車業界ではまだ無視される存在だ。

陸軍省と商工省は、まず四月に実績のあるメーカーに対し、陸軍省が進めている計画に参加して国産大衆車（大型乗用車）をつくる意志があるかどうかを打診した。鮎川の自動車製造（昭和九年六月に日産と改称）以外は、みな辞退した。

鮎川はさすがに自動車産業の特徴がわかっていて、一番マーケットの大きい大型乗用車への参入を計画していた。マーケットの大きい量産できる車種をつくらなければ、製造技術は向上しないし、設備投資もできないからである。だが鮎川は、喜一郎のようにいきなり単独で大衆車の量産に乗り出すようなリスクを冒すつもりはなく、GMと提携してその部品製造をし、それからシボレーの委託生産を引き受ける構想だった。そこが外資排除を狙う陸軍の意図とは違った。

結局、既成のメーカーで国産大衆車量産計画に乗る自動車会社はなく、伊藤は新たに国策自動車会社を設立するしかないと考え、同年六月、「内地自動車工業確立方策」陸軍案を作成し、商工省に協力を求めた。そのときである。

「伊藤さん、大衆車をやろうと準備している会社がありますよ」

坂が狙い澄ましたタイミングで、喜一郎を伊藤に紹介した。

喜一郎は、少佐に昇進した伊藤のお祝いも兼ね、一席設けて「国産大衆車に賭ける思い」

を伊藤にぶつけた。

「豊田が目標とするのはフォード、シボレークラスの大衆車である。すでに三千三百八十九ccのエンジンの試作を開始した。自動車用の鋼材をつくる製鋼所は間もなく完成する。さらに月産三千台以上の量産が可能な工場を建設するために、六十万坪の用地買収も進めている。

われわれは、政府の国産大衆車育成方針があるからやるのではない。世界で最も売れているフォード、シボレークラスに太刀打ちできる車をつくらなければ日本の自動車工業は確立しない、と考えるからである。そのために、独自に準備を進めてきた。

無謀な企てと人はいうだろう。しかし誰かがやらなければ、日本の自動車工業はいつまで経ってもフォード、ＧＭに追いつかない。

幸い、いまは豊田紡織、豊田自動織機製作所とともに未曾有の好況で、年間百万円程度の投資なら五年は耐えられる。その後、豊田は潰れるかもしれない。しかし、その五年間で相当な技術を蓄積し、人材を育て、実績を残せば、必ずやそれを土台としてあとを継ぐものが現れ、日本の自動車工業は力強く成長するだろう。豊田が潰れても決して無駄にはならないと信じて、国産大衆車づくりに邁進する所存である」

喜一郎が、このような演説口調でいったかどうかわからない。もっと訥々《とつとつ》と、しかし熱のこもった口調だったかもしれない。

伊藤は、喜一郎が披瀝《ひれき》した自動車参入への決意と大衆車構想を聞いて、自分の求めていた理想の事業家が現れて驚くと同時に、喜一郎の熱弁にうたれた。そして、それを報告書にまとめて遺した。

『創造限りなく』によると、伊藤は後年、このときの喜一郎の固い信念と「もしも自分が途中で失敗しても、誰かがあとを継いで自動車の量産に成功してくれるだろう」という熱意にうたれ、豊田を育てて大衆車の量産を実現しようと心に誓った、と回顧している。

伊藤との会見は大成功であった。喜一郎は陸軍省に強力な同志を作ることに成功した。遅れて自動車に進出した喜一郎にとって、未来を切り拓いたターニング・ポイントという点では、信長に譬《たと》えると桶狭間《おけはざま》の戦いの勝利にも匹敵するだろう。

喜一郎をバックアップするように坂も精力的に関係各省庁に根回しをして同年八月、関係官庁協議会を立ち上げた。これは陸軍省、海軍省、大蔵省、鉄道省、内務省および資源局で構成する協議会で、これまでとは次元の違う、国を挙げての自動車工業確立政策をまとめるためである。これで、自動車製造事業にかかわる法律がつくられることが確実となった。新しい法律は、きわめて統制色の強いものとなると予想された。すでに重要産業統制法が三年前から施行され、この年の一月から陸軍省は軍需工場監督制を実施していたからである。

事態の急激な進展に、高《たか》を括《くく》っていた既存メーカーも慌ててロビー活動を開始し、さまざまな保護政策を求める。一方、日本フォードは規制が始まる前に、国産メーカーが手も足も出ぬくらいまで地盤を固めてしまおうと、横浜市の市有埋立地買収に動いた。

今度は喜一郎が焦る番である。この昭和九年八月の時点では、喜一郎には自動車製造についてはは何も見せるものがない。試作工場と製鋼所はできたが、試作車一つできていないのだ。

動き出した国産大衆車育成という国家政策の枠組みに入るには、一刻も早く試作車をつくり、形だけでも量産体制をつくらねばならない。その一方で、他社がどう出るのか、新法案がどうなるのか、先々を読んで手を打たねばならない。

喜一郎は昭和九年八月、突如、東京移住を決意した。

喜一郎と英二

喜一郎は東京の本郷区（現文京区）駒込曙町《こまごめあけぼの》に家を見つけ、家族ともども引っ越した。東京には伯父・平吉の次男（長男は夭折《ようせつ》）の英二がいた。英二は一年前に、名古屋の旧制第八高等学校から東京帝大工学部機械工学科に入学していたのである。

英二は喜一郎にとっては従兄弟だが十九歳も歳が離れていて、弟か息子のようなものである。佐吉、平吉、佐助の兄弟はきわめて仲が良く、結束が固かった。その子供たちも同様で、英二は自然に喜一郎の家に出入りし、喜一郎の息子たち、章一郎と達郎にとっては恰好の兄貴分となった。章一郎はちょうど中学受験を迎えていて、忙しい喜一郎に代わって英二が受験の付き添いに行き、めでたく合格した府立一中（のちの日比谷高校）の入学式にも英二が父兄代行で出席した。

英二は夏休みになると帰省して刈谷の自動車部に行き、試作中の小型エンジンをつけた自転車を乗り回していた。豊田家の人間らしく、極端に口数の少ない性格だが行動は活発、愛嬌《あいきょう》のある丸顔で周りから可愛がられた。とくに佐吉が英二に甘い、と一族では評判だった。

英二は平吉の経営する豊田押切紡織の敷地内の家に住み、工場を遊び場にして育った。英二の自伝『決断―私の履歴書』によると、小学校低学年で大人に混じってふんどし一つでボイラーの大掃除をしたり、工場の動力のスチームエンジンを運転させろとせがんだりして従業員を困らせた。また小学校高学年になると、事務員が糸相場を帳面に付けているのに興味を持ち、「その数字は何だ」としつこく訊いて、商品相場から為替《かわせ》相場まで理解してしまったという。

英二は寡黙《かもく》だが、たまに口を開くと大人を驚かす鋭い質問をし、周りの者は英二がただ者でないことを早くから理解していた。

愛知一中（現旭丘高校《あさひがおか》）時代は剣道に熱中して勉強はそれほどやらなかったが、四年修了で八高に合格している。父は有名な発明王の弟（平吉）、経営している紡織会社は年ごとに大きくなり、本人は飛び抜けて利発で、しかも周り中から可愛がられる。幸せを絵に描いたような恵まれた子供だが、六歳の時に母親を失っている。母親について覚えているのは、川に落ちて叱られたことと、あとは葬儀のことだけだという。

英二も喜一郎と同じ、母のない子だった。

【4】ボロボロのトヨダ号発進

試作車完成直後の危機

昭和十（一九三五）年五月、ようやく最初の試作車、A1型乗用車が完成した。自動車部をつくってから一年半が経っていた。

曲がりなりにも自分たちでつくり上げたのはシリンダーヘッド、シリンダーブロック、トランスミッションケース、あとは手叩きのボディーくらいのものである。

ギヤ関係、クランクシャフト、カムシャフトなどの駆動力を伝える重要な部品は、ほとんどシボレーの純正部品を使って組み立てた。

試作第一号車は、刈谷の試作工場で注連縄《しめなわ》を張り巡らして神主のお払いを受けたあと、堂々と試運転に出発した。行き先は、佐吉の墓がある名古屋市覚王山日泰寺《かくおうざんにったいじ》である。

喜一郎と菅が乗った試作車は、欧米でも流行り始めたばかりの斬新な流線型のボディー

吹き出したのだ。

で颯爽《さっそう》と日泰寺に到着、無事、佐吉の霊前に試作車の完成を報告した。

だがその直後の重役会で、豊田グループに緊張が走った。自動車事業参入に反対の声が吹き出したのだ。

第一号車が完成したあと、喜一郎さんがぶつかったのが、社内の抵抗である。

一号車をつくるまでに、自動車に使われたカネは、なんと四百八十万円。喜一郎さんときたら、技術の夢ばかり追っていて、かんじんのカネのほうは気にかけないもいいところ。しかも、一号車完成後の重役会で「当面の研究資金として、あと五百万円ほどほしい」といい出したからたいへんだ。

自動織機の重役連も、このときばかりはさすがに緊張した。佐吉翁の遺言という切札があるから、面《めん》と向かって反対する者はいないが、ハラのなかは反対論者に決まっている。紡績をやっていた私などは、局外者の気楽さも手伝って「道楽はやめろ、やめろ」と、しょうこりもなくわめいていた。

重役会はいろいろな意見が出て、かなり紛糾したが、大勢は「これ以上、自動車にカネを出すのは妥当でない」とする主張が多かった。それをはねのけて、強引に自動車計画を押しとおしたのは、やはり喜一郎さんの熱情である。（石田退三『自分の城は自分で守れ』）

喜一郎の自動車試作を認めてきた利三郎も、まだあと五百万円と聞いてさすがに慌てた。喜一郎にしてみれば、立派な試作車ができた、さあ金を出してくれという気持ちだったろう。政府の自動車製造事業法案の中身も固まった。グズグズしてはいられないのだ。

しかし、喜一郎が東京で陸軍省の伊藤少佐と信頼関係を築いていることなど、重役連中は知る由《よし》もない。喜一郎にしても、話せることではない。利三郎にも、この段階ではどこまで話していたか疑問である。重役たちが、百万円単位のカネをいつまで出し続けねばならないのか、と不安になるのも当然である。性急な喜一郎のやり方も理由がわからないので、御曹司はやはり発明狂いでどうかしてしまったかと思ったであろう。

もしこのとき、利三郎が徹底して反対に回ったら、自動車づくりはこの段階で頓挫したに違いない。もっとも、佐吉の持ち株を受け継いだ喜一郎が強引に押し進めれば、利三郎や平吉、佐助などが一致協力して喜一郎を禁治産者《きんちさんしゃ》にでもしない限り、止めようがない。

反対派は自動車部を喜一郎の個人事業としてこの時点で独立させ、豊田自動織機製作所、豊田紡織以下、グループ企業はもう面倒を見ないとしたかっただろうが、入り婿が実の長男を放り出したことになってしまうので、そんなことは利三郎にはできない。しかし、豊田家の財産は守らねばならないし、経営者として企業も守らねばならない。カネはなくはなかったはずである。繊維産業は未曾有の好景気で稼ぎまくっていたが、豊田グループは社員たちの給料と株主への配当を低く抑えてきたからだ。しかしそれも限界にきて、紡織機部門と自動車部の間には反感も生まれてきている。

また、豊田自動織機製作所の常務で、紡織機製造の本体を束

運行試験に出発するA1型乗用車

急遽、開発されたG1型トラック（CG）

ねていた岡部岩太郎などは、カネもさることながら、屋台骨を支えている紡織機製造部門から熟練工がどんどん自動車試作工場に引き抜かれていくので、そちらも気が気ではなかったであろう。もっとも、紡織機製造を預かる河原潤次《かわはらじゅんじ》は喜一郎に傾倒していて、穴を開けるボール盤、金属を削る旋盤《せんばん》、鋳造工場の造型機械などにも、簡単な作業は女子工員に置き換えた。検査などは半数以上を女子工員とし、「自動車に工員を引き抜かれても大丈夫」と答えた。

カネは結局、かなりの部分を上海豊田紡織廠《しょう》の西川秋次が引き受けたと思われる。豊田紡織廠の持ち株が、昭和二(一九二七)年の自動織機製作所設立時には〇%だったのが、九年、一〇年、一一年の三回の増資で三三%まで急増しているからだ。

紛糾した重役会の二カ月後の七月九日、喜一郎はようやく臨時株主総会を招集し、資本金を三百万円から六百万円に増資をして三百万円の資金を得たのであった。

トラックへの路線変更

資金を得、待望の大衆乗用車の試作車も完成した。だが、喜一郎は三台つくっただけで早々にテストを打ち切ってしまった。市販車として量産できるまでに仕上げる時間がなかったからである。

前年に商工省の坂が設置した関係官庁協議会は、急ピッチで会合を重ねていた。政府が法案の成立を急いだのは、日本フォードが工場用地の買収を諦めなかったからである。横浜の埋立地については陸軍が所有者の横浜市に圧力をかけて買収を阻止したが、今度は民間企業が所有する東京湾の埋立地の取得に乗り出したのだ。

フォード側は国際問題になることも辞さない構えを見せた。マスコミはこの問題を大きく取り上げ、国産車育成論が強まっていた。そのような事情もあり、当初の予想より早く、この年（昭和十年）の夏にも、自動車工業法の大綱が閣議決定されることが確実視されるようになった。

このままでは間に合わない。

実は喜一郎はこういう事態を早くから予測し、A型エンジンの試作でまだ四苦八苦している段階で、密かに大島理三郎を滞在中だった軽井沢に呼び、こういった。

「乗用車も試作しているが、どうもうまくゆかぬ。それでまずトラックをやりたいが、どう思う」

このとき、喜一郎は半年でできないかといった。大島は、試作中のシボレー型のエンジンを使い、フレームはフォードが丈夫なのでフォードを真似、あとはシボレーでもフォードでもどちらの部品でも使えるほうを使えば、半年は無理でも九カ月くらいあればできると答え、調査設計の準備を進めることになったのである。ただし、昭和九年中はエンジンの試作に集中し、実際に喜一郎が大型乗用車は間に合わないと判断してトラック試作にゴーサインを出したのは、昭和十年三月である。

トラックなら、ボディーは簡単である。量産体制にも早く入れる。大島たちは、三四年型フォード・トラックを真似てフレームを作成し、A型エンジンを積み、その他の部品はフォードやシボレー用のものを使って、試作トラックづくりに取り組んだ。喜一郎も刈谷工場の事務所の二階に寝泊まりし、陣頭指揮を始めた。

そんなわけで、自社製の大型乗用車を発表したかった喜一郎は、A1型乗用車は三台試作しただけで中断し、トラックに集中したのだった。

トラックの試作第一号、G1型は八月二十五日に完成し、さっそく走行テストに入った。だがそれより前の八月九日、自動車工業法要綱が閣議決定され、八月十二日、商工省は各国産メーカーの代表者を召集し、法案の内容を説明した。

その内容は恐るべきものであった。自動車製造を国家の許可事業として各種の保護を与えるが、許可会社は一社または数社に限るというのである。さらに、この許可を受けるのは議決権の過半数が日本国臣民に属する株式会社に限るとして、外資系企業の排除を明らかにした。

「動かなくても並べろ」

喜一郎は法案の要綱が閣議決定されるかなり前に、法案の中身をほぼ把握していたに違いない。法案は「大量生産に基礎を置く自動車工業」についてのものなので、たとえ自動車を生産していても、量産体制を築けない企業は審査の対象外になってしまう。それで、量産の準備を始めるために緊急増資をしたのである。

八月十二日の商工省の説明会には、喜一郎ではなく利三郎が出席した。ほかには日産、東京瓦斯電気工業、自動車工業（ダット自動車製造と石川島自動車製作所が合併）、三菱重工、川崎車輛、日本車輛製造などが出席した。

日産はすでに「ダットサン」の月産一千台量産工場を稼働させていて、小型車では圧倒的な人気を得ていた。小柄な芸者のことを「ダットサン芸者」などという表現も生まれていた。

他の会社も、トラックやバスでそれぞれ実績のある企業である。これに対し、豊田自動織機製作所自動車部には商品がまだなかった。

この説明会のあとは、喜一郎がなぜ急いでいるか理由が少しはわかってきて、社内の反発も一時的には収まった。が、それで安心できる状況ではなかった。八月十九日に、坂の後任の商工省工政課長・小金義照《こがねよしてる》が、自動車関係会社の視察のために名古屋に来たのである。これは、許可会社選定のための下調べ以外の何物でもない。

それを知らされた大島は、昼夜兼行でトラックを組立させた。終いにはこう怒鳴った。

「動かんでもいい、つくって並べろ」

喜一郎は増資で得た三百万円で、月産五百台を目標とする自動車組立工場を刈谷駅の北五百メートルほどの場所に建設することを決め、準備を始める。また、販売網づくりのために人材探しもやらねばならなかった。

社内がゴタゴタしていては製造許可を得ることはできないということで、表立っての反発は収まったが、喜一郎のやり方に対する危惧は残った。

佐吉は、徹底的に試験運転をしてからでないと織機を発売しなかった。機械として動くというだけでなく、自分の工場で営業試験を繰り返し、改良に改良を重ねて完璧に仕上げてからでないと、決して新型の織機を発売しなかった。

喜一郎自身も自動織機、紡績機を自ら開発したときは、同じように徹底的に試験運転をしてから売り出した。だが、自動車ではやっている暇がない。恰好だけでも車を売り出さないと、自動車製造をしていることにならないからだ。喜一郎も内心、忸怩《じくじ》たるものがあったであろう。

佐吉に鍛えられた岡部岩太郎、鈴木利蔵、大島理三郎らは、喜一郎を諫《いさ》めるというよりもう一度、佐吉の教えの原点に戻り、結束を固めることを狙って、佐吉の六回忌の式典に合わせて「豊田綱領」を制定した。

六回忌にあたる昭和十年十月三十日、名古屋の豊田紡織本社工場の広場前に浅子のつくった佐吉の胸像が置かれ、その前に同社の従業員が全員整列した。支配人の岡本藤次郎が声を張り上げて、「豊田綱領」を読み上げた。

一、上下一致　至誠業務に服し　産業報国の実を挙ぐべし
一、研究と創造に心を致し　常に時流に先んずべし
一、華美を戒め　質実剛健たるべし
一、温情友愛の精神を発揮し　家庭的美風を作興すべし
一、神仏を尊崇し　報恩感謝の生活を為すべし

この「豊田綱領」は以後、グループ各社の社是となった。

佐吉の精神は、トヨタの出発点において危機突破のために制定された「豊田綱領」として受け継がれ、グローバル企業トヨタのなかでも企業アイデンティティの源となっているのだ。

神谷正太郎を一瞬で口説く

喜一郎はトラックの走行試験もそこそこに、年内の発売をめざして動き出した。まずは販売の専門家のスカウトである。喜一郎にはまったく当てがなかったが、岡本藤次郎が神谷正太郎という人物を推薦した。

神谷は岡本の名古屋商業の十年後輩である。三井物産に入社し、シアトル、ロンドン支店を経て、ロンドンで鉄鋼を扱う神谷商事を起こして独立。第一次世界大戦で一時は大儲けしたが、戦後の不況で倒産し、帰国して昭和二(一九二七)年に日本GMに入社。たちまち抜擢《ばってき》されて大阪本社販売広告部長となり、東京事務所長も兼務していた。

かつて東洋綿花に勤めていた岡本は、神谷が三井物産のシアトル支店にいた頃、親しくなった。岡本は人脈的には児玉系で利三郎の片腕(というより背骨)だが、喜一郎は岡本の人物を全面的に信頼していた。岡本が推薦する人間なら間違いない、と神谷との初対面でこういった。

「販売をすべてお任せします。豊田にきて下さい。一緒に国産車を発展させましょう」

これ一発で、神谷はぐらっときてしまった。やはり、自動車事業にかける熱意と率直さが相手を動かすのだろう。

もっとも神谷はその後、大活躍するように先見性のある傑物で、このときも日米関係の悪化、商工省や陸軍省の国産車育成方針などは先刻承知だった。神谷は神谷で、喜一郎と出会ったことをチャンスと捉《とら》え、まっさらな自動車会社で一から販売網を築くつもりで日本ＧＭの優秀な若手二人、花崎鹿之助と加藤誠之《かとうせいし》を引き連れて十月に入社した。彼らは入社早々、Ｇ１型トラック「トヨダ号」の発表に奔走《ほんそう》する。

当時のことを、のちにトヨタ自販の社長となった加藤が次のように書いている。

豊田の給料は、ＧＭ時代のちょうど半分だった。それで朝は七時に出社して、夜は星をいただくまで働く。しかも、休みは月に二回だけである。大変な違いだ。随分働いたが、それでも酷使されているとは思わなかった。喜一郎さんが我々以上に頑張られていたのと、国産車にかけるすさまじい情熱に打たれたからである。（中略）

豊田は東京・芝浦で国産豊田号（のちにトヨダ号と改称）の盛大な披露会を行なって、まず自動車製造業に進出することを天下に表明、次いで発売に踏み切る考えであった。披露会の日取りは十一月二十一日、二十二日。私が豊田に移った時には、もう三週間後に迫っていた。ところがなんと、展示用の一号車すらまだ組み上がっていない。販売関係の準備はもちろんゼロである。早速、仕事に取りかからねばならない。

トタン屋根の事務所の一角が販売係の仕事場である。販売係といっても、神谷、花崎、加藤、それに女性一人の総勢四人。炭火の火鉢で暖をとりながら、まずカタログ作りから取りかかる。(中略)

製造の方ではカンカン、トンカチやりながら展示車作りを急いでいる。時々、「オーイ、販売の連中も手を貸してくれ」と大声で呼ぶ。設計が悪いのか、手たたきの製造が悪いのか、ボルトの穴がマッチせず、シャフトが通らない。寄ってたかって力まかせに穴と穴を合わせ、シャフトをネジ込むのである。

やっと一号車が出来上がる。アクセルを踏んだら、エンジンは廻る。走行テストもマアマアだった。それから四日目に二号車が、さらに二日後に三号車が組み上がった。宣伝用の印刷物も出来上がって来た。やれやれ、間に合いそうだ。(加藤誠之《かとうせいし》『ざっくばらん――国産車に夢をかけて』)

ボロボロの出発点

加藤は販売サイドの人間である。お客の反応を直に受け止める立場だ。直前まで世界トップクラスのシボレーを販売していた人間が豊田の車を売ってどう感じたか、もう少し著書『ざっくばらん』を見てみよう。

トヨタの第一号販売店は、ＧＭから転向した名古屋の「日の出モータース」（愛知トヨタ自動車の前身）である。販売特約契約を結んだ直後の昭和十年十二月八日、ここで発表会を行なった。十一月に開いた東京での披露会は、あくまで披露会だったが、今度は販売店における発表会、つまり発売だ。トヨタ車の販売史が、この日から始まったのである。

この発表会に顔を出した豊田財閥の総帥、豊田利三郎氏が、支配人をつかまえて「どうだい、ウチの車は回るかい」と聞いたという伝説が残っているが、そのエピソードにたがわず、国産トヨダ号は虚弱だった。フォードやシボレーの良い所ばかりを取り入れて設計した車である。悪いはずがない。だが、出来上がったものは、悲しいかな似て非なるものだった。製造技術や素材の水準に格段の違いがあったからである。

売り出しては見たものの、昨日はあそこで、今日はここで、「動かなくなった」とクレームが続出する。特に全浮動方式を採用した後車軸が悪く、過積載するとすぐにポキリと折れてしまう有様。お客様に大変なご迷惑をかける結果となった。業界紙の中には「国産豊田号、座禅を組む」などと書き立てる。これには参ったが、とにかく折角、国産車を買って下さったお客様の期待に応えなくてはならぬ。徹底したアフターサービスを行なうことになった。しかし、余りに多いクレームに販売店のサービス班だけでは足りず、工場から応援隊を派遣する始末であった。

実に手厳しい。いくら過去のこととはいえ、トヨタ自販の会長がここまで書かなくてもと思うが、これは意図して書いているのだ。トヨタの出発点がいかにボロボロだったかを、あえて書いている。このボロボロの出発点こそ、トヨタの原点と受け止めているからだ。

創業者・豊田喜一郎とその仲間たちの記念館であるトヨタ鞍ヶ池記念館に行くと、それがよくわかる。記念館の展示に、創業当時の出来事をテーマにした実に凝ったジオラマ（実際の風景に似せて小型模型を配したもの）がある。そのなかに、故障しまくるトヨダ号の修理に走り回っているシーンがあるのだ。ある者は車の下に潜り、ある者は持ち主に頭を下げ、ある者は部品を抱えてかけつける。車の持ち主役の人形は、手を振り上げて文句をいっている。

わざわざジオラマでこのシーンを見せるということはそれを忘れるな、ということだろう。佐吉記念館に忠実に再建した極めて質素な佐吉と喜一郎の生家といい、つくづくトヨタというのは腰の構えの低い会社だと思う。

だが、この創業時代は完全に腰が伸びきっていた。

販売網づくりを任された神谷はGM系の販売店を次々と勧誘していくのだが、車の出来がこの有り様では、「国産車を育ててくれ」と愛国心に訴えるしか手がない。あとは、近々成立する自動車製造事業法で許可されるのは豊田になる可能性が高く、外資系はいずれ閉め出されると強調し、佐吉ブランドや喜一郎の人物を売り込むしかない。

実際に車を買ってくれる客にしても、修理しやすいように名古屋近郊在住者に絞り、さらに故障しても国産車なんだから我慢しようという気風の客を選んで売った。シボレーを売っていた花崎や加藤にしてみれば随分辛く、情けない思いをしたに違いない。

しかし、そんな辛い日々を喜一郎が支えた。

第一号車を発売して半年くらい経ったころ、喜一郎氏は販売店を刈谷に呼んで、サービス会議を開いた。喜一郎氏は販売店に対して、いつも「欠点を教えて下さい」といった調子で、丁重だった。この時、喜一郎氏は挨拶で「これまでに六百ヵ所を改良しました。自動車に投じた金も、すでに全従業員を小学校から大学まで卒業させるに要する額に達しています」と語った。販売店の代表者達も、喜一郎氏の誠実さと情熱には深く打たれ、敬愛する人が多かった。

喜一郎氏は不良個所に気づくと、しばしば自分で工場へ出かけて行って、工場と改良の打ち合わせをした。こうして、かつては〝座禅を組んだ〟トヨダ号も、急速に改良、改善されていった。その頃、国民小学校の教科書に、豊田佐吉翁があたかも天才であるかのように書かれているのを喜一郎氏がみて、「親爺は決して天才ではない。天才ならケーブルカーのように一直線に頂上へいく。親爺はヨチヨチ曲がりながら頂上に辿りついたのだ。失敗に失敗を重ねた努力家である」と話してくれた。喜一郎氏も努力に努力を重ね、佐吉翁に勝るとも劣らない努力家であった。(『ざっくばらん』)

喜一郎は複雑な生い立ちのために、自分を殺して感情もあまり表に出さない性格だったが、危機になればなるほど、佐吉から受け継いだ生地が出てきたようである。率先垂範《そっせんすいはん》、たゆまぬ努力、不屈の闘志、あくまで本筋を追究して正面からぶつかるやり方……。

しかし忙しさという点では、この頃の喜一郎は佐吉以上だったのではないだろうか。販売網づくりでは、神谷と一緒に可能な限り全国を歩く。東京では商工省、陸軍省、業界関係者などを旧制高校・大学の同窓生のツテを頼って訪ね、情報収集に専念する。その一方で大学や研究所にも通い、自動車に関する技術情報の収集を精力的に行なって、毎日のように手紙を書いて刈谷の部下に指示する。

喜一郎の手紙は一風変わっていた。手当たり次第にいろんな紙切れを使い、その紙の裏まで使う。内容がまた「フォードはクランクシャフトを鋳鉄でやっているそうだが、当社も鋳物は得意だからすぐに鋳物に換えなさい」とか、「歯車をいちいち切っているのは面倒くさいから、鍛造《たんぞう》でギザギザをつけて歯車にしなさい」といった具合に、細かい技術情報が含まれている。しかも刈谷に帰ると、指示したとおりやっているか、結果はどうか、すぐ確かめる。

喜一郎は昭和十年の秋からバタバタと追い立てられるように、まだ売り物とはいえない試作中のトラックの販売を始めた。それは意図したわけではないだろうが、結果的にお客にテスト走行をさせて販売店を巻き込んで改善を行なうという、まことにもって効率的なやりかたで自動車事業を立ち上げたことになる。

曲がりなりにもトラックの販売を始め、年末に刈谷町の隣りの挙母町との間で本格的な工場建設のための用地買収の契約が成立したことで安心したのか、昭和十一年一月、浅子が永眠した。

量産工場の建設は、自動車製造許可会社となるための条件として陸軍省の伊藤少佐から豊田に突きつけられていたものなので、大きな前進であった。

第6章 トヨタ生産方式始動

【1】ジャスト・イン・タイムの試行錯誤

量産体制の落とし穴

昭和十一（一九三六）年五月、待望の刈谷組立工場がついに操業を開始した。組立工場は、豊田自動織機製作所から東方に約一キロ、グループ企業の中央紡織所有地に建設した。その工場の設備を見ると、自動車生産に乗り出すことがいかに大変かが改めてよくわかる。工場の総面積は七千五百五十九坪で、六つの大きなセクションに分かれている。ボディー組立工場、塗装工場、フレーム組立工場、シャシー組立工場、内張り準備工場、そして部品置き場である。

一方、豊田自動織機構内の試作工場は、組立関係の機械設備を移転したあとに大小数十機のプレス機を入れ、プレス工場とした。前からあるエンジン製作工場、アクスル工場、製鋼工場、鋳物《いもの》工場など豊田自動織機製作所構内の工場を総称して、製作工場とした。

つまり豊田自動織機構内の工場では、エンジンを含めて主要部品をつくり、約一キロ離れた刈谷組立工場で車体加工から最終組立をするのである。

自動車の量産に乗り出すために、喜一郎《きいちろう》は十一もの専門工場をつくらねばならなかった。また、専門知識を備えた技術者と腕の確かな熟練工も揃えなければ、自動車はできない。そのうえ、たとえ自動車ができても、一定以上の台数が売れなければ利益は出ない。このように自動車産業は、最初に厖大《ぼうだい》な設備投資を必要とし、しかも利益を出すまでに時間がかかる。大財閥でも、それまで耐えられるかどうか不安に思うのが当然である。

しかし喜一郎は、ともかく量産体制を築くところまで漕ぎ着けた。この体制で月産、乗用車二百台、トラック三百台が目標であった。すでにこの年の二月に中断していた大型乗用車の試作も開始し、四月からはAA型乗用車の生産も開始していた。

しかし、自動車の生産はなかなか思いどおりにはいかなかった。鋼材など材料が悪かったのである。

アメリカから輸入した鋼材でギアをつくると一日三十個のギアが楽々と削れるのに、国産の鋼では十二、三個しか削れない。それ以上削ろうとして切削機《せっさくき》の回転数を上げると、すぐ刃具《はぐ》を傷めてしまう。鋼材の結晶が小さくて均質でないと、うまく削れないのだ。だが、国内の鋼メーカーにはまだつくれなかった。喜一郎は製鋼部に、結晶が小さく均質な鋼材の開発を命じていた。また部品の製造法としても、鍛造品《たんぞうひん》から鋳造品《ちゆうぞうひん》への転換や、鍛造品の精度をあげて切削加工を減らす研究などにも取り組んだ。

当時は、日本の工業全体の成熟度が未熟な段階だったので、材料の開発や部品の製造法からして、自社で一からやらねばならない。製造設備に新しい人材、費用は膨らむばかりである。喜一郎はどうしたらコストを抑えることができるか、頭を絞った。

普通は設備費と人件費を抑え、あとはケチケチ作戦を徹底する。しかし、設備費は抑えられない。人件費も、もともと豊田の給料は低いし、人を削る時期ではない。ケチケチ作戦はすでにやれるところまでやっている。

どうしたらいいのか。ここで喜一郎の頭に浮かんだのが、製造現場でいつも気になっていること、すなわち不良品や、つくりすぎて倉庫に眠っている部品が多すぎることだった。

喜一郎は、エンジンの開発でせっかくつくったシリンダーヘッドを三百個も叩き壊させたことがある。これはもう一回熔かして利用するにしても、電気炉の電力、三百個つくる労力、保管していた倉庫代など、やはり大変な無駄になる。

では、どうしたらよかったのか。必要以上つくらねばよかったのだ。一日五台のエンジンをつくるのに四苦八苦しているときに、なぜ三百個ものシリンダーブロックのつくり置きが必要なのか。なぜ三百個も余計につくってしまったのか。

これは、三百個が必要だからではなく、作業の都合でつくってしまったのだ。いっぺんに同じ物をつくったほうが楽であるし、シリンダーブロックだけに限定した場合の一個あたりの制作費も安くなるからである。

しかし実験の結果、別の形のシリンダーヘッドのほうが馬力が出ることがわかり、すべて廃棄となった。手慣れた自動織機製造と違い、まだあらゆる工程で試行錯誤を重ねている段階では、設計が間違っていて、それまでにつくった部品は全部廃棄せざるを得なくなるリスクは非常に高い。また設計は正しくても、材料の強度が十分でないことがあとでわかって、厖大《ぼうだい》な在庫が無駄になることもある。試してみたら加工の仕方が悪くて、全部ダメということもある。

工場にいつも顔を出していた喜一郎はそういう現場を何度も見ていて、莫大な無駄となっていることを実感していた。結果的に不良品ができるのは仕方がない。しかし、無駄に不良品をつくるのだけは防ぎたい。問題は大量につくってしまって、それがあとで不良品と判明する場合だ。余計なものをつくるからいけない。

必要なとき、必要なだけあればいいじゃないか……。ジャスト・イン・タイムだ。

喜一郎は「ジャスト・イン・タイム」と紙に書いて、刈谷の自動車試作工場および組立工場の壁に貼り出したといわれている。

ここからトヨタ生産方式がスタートした。正確な日時はわからないが、刈谷組立工場で自動車の組立を始めたときに、喜一郎がジャスト・イン・タイムといい出したことは確かだろう。ただし、豊田自動織機製作所では紡織機を流れ作業で生産していて、能率アップを図るために在庫部品の管理や置く場所などに工夫を凝らしていたから、もとのアイデアはすでにあったのかもしれない。

ところで、ここで注目すべきなのは、ジャスト・イン・タイムが時間ピッタリに部品を間に合わせるというよりも、余分なものをつくらないということを本来の狙いとしていることである。組立ラインの時間にピッタリ部品を合わせるのだ、というだけの理解だと、次のような考えに惑わされてしまう。

「時間にピッタリ合わせるために下請けの部品会社に在庫を抱えさせて、待たせているんだろう。下請けにしわ寄せをしているだけではないか、下請けいじめだ」

俗耳《ぞくじ》に入りやすいため、一時は盛んにマスコミで吹聴《ふいちょう》された。しかしそんなことをしていたら、トヨタの下請け（協力工場）はみな潰れてしまう。実際は、下請けも無駄な部品をつくらないようにしたからコストダウンが図れて、生き延びているのである。

喜一郎は常々、ジャスト・イン・タイムについて次のように説明していた。

「汽車に乗るのに一分のことで乗り遅れたというが、一分どころか一秒だって遅れたら汽車には乗れない。ただし、私のいうジャスト・イン・タイムとは間に合うというだけの意味ではない。余分なものを間に合せても仕方がないんだ」(『創造限りなく――トヨタ自動車50年史』)

本格的な自動車の生産に入ると喜一郎は、たとえばエンジンブロックなど一日で加工する分だけを朝に受け取らせ、夕方には使い切って余分なものは置かせないようにと指導した。しょっちゅう工場を回っては、余分なものをその場で放り出させた。

将来を見据えて人材を育てる

ジャスト・イン・タイムで徐々に製造の無駄をなくす取り組みが始まったが、システムとして完成させるには一朝一夕《いっちょういっせき》ではできない。コストダウンの即効性では、むしろ材料や製造技術に対する技術情報のほうが、初期のうちは効果があるだろう。これは、もっぱら喜一郎が自分でやってきたが、それでは手が回らないと判断して、昭和十一(一九三六)年五月に自動車研究所を設立する。

この本部は、東京・芝浦の東京自動車ホテル芝浦ガレージ内に置いた。自動車ホテルというのは、運転手の寝泊まりする施設も付いている共同駐車場、共同車庫のことで、豊田グループの会社である。

喜一郎はこの研究所の本部づくりを、四月に豊田自動織機製作所に入社したばかりの豊田英二《えいじ》に任せた。

英二はまず部屋の一室を掃除し、備品を揃えて、とりあえず図面が引けるようにした。ついで工作機械の調査をし、さらに併設されていた自動車のサービス工場に顔を出し、故障の修理で戻ってくるトラックの整備も手伝った。暇なときは担当者と東京の部品工場を回って、使えそうな部品を探すと同時に協力工場の発掘もした。研究所とはいいながら、自動車製造技術の実際的な研究はやらなかった。芝浦の自動車研究所本部は、もっぱら技術情報収集と研究員獲得のための受け皿というのが喜一郎の腹づもりだった。研究所の形が整うのは、まだしばらくあとである。

すぐに役立つような実際的な研究は、刈谷の製作工場内に置かれていた研究室でやっていた。こちらは自動車研究部と製鋼研究所に分かれ、さらに製鋼研究所は物理部門と化学部門に分かれていた。物理部門には自動車材料など、化学部門にはガス、ゴム、塗料などの研究室が置かれて次第に充実していくが、この段階ではまだ成果は望めない。

このように量産体制を築いたばかりで、設備の増強や人材の獲得に費用は膨らむ一方であったが、それでも喜一郎は将来の事業展開を考えて、育てるべき人物はじっくり育てた。

実は英二より一年早く、齋藤尚一が昭和十年に入社している。齋藤は東北帝国大学工学部卒で、新卒では初の大学卒業生の入社であった。当時、大学出は貴重な存在で採用するのは難しかったが、喜一郎の友人の抜山四郎《ぬきやましろう》教授の後押しで実現した。

しかし喜一郎は強気で、面接ではこう切り出した。

「大学出は現在必要ないと思っているから、大学出として扱わないがよいか。徹夜の二日、三日はできるか」

もっともその後、喜一郎は率直に政府の自動車政策と今後の業界の見通し、そのなかで喜一郎が何をしようとしているかを語り、「国産車をわれわれの手でつくろう」と齋藤の心を揺さぶったに違いない。

すっかりそのつもりで入社した齋藤は、初任給をもらって驚く。日給一円六十五銭。工員と同じだった。大学卒だと月給八十円くらいが普通だから、約半分である。しかし、面接で最初に「大学出として扱わない」といわれているので文句は言えない。

いまはトヨタの給料は高いかもしれないが、当時の豊田グループの社員の給料は一般水準よりもかなり安かった。日本ＧＭからきた神谷、加藤はもとより、石田退三《いしだたいぞう》も豊田に入った当初は、あまりの給料の安さに愕然《がくぜん》としている。齋藤の場合もそうであったように、世間並みの半分というのが豊田の方針だった。

ただしそれは正式な社員の場合で、職工は歩合で世間並み以上の給料だった。喜一郎としては、引き抜いておきながら、元いた会社よりも安い給料しか出せなくて辛かったであろうが、豊田グループ全体が給料を安く抑えているので全体のバランス上、出せなかったのである。喜一郎が時々、ポケットマネーで特別賞与を出したのは、あまりにも安い給料を補塡《ほてん》する意味があったのだ。

齋藤はこのあとほぼ一年、各工場の作業を順に体験して、製造工程を一通り覚えた。喜一郎は工場で齋藤と会うと、必ず「手を見せろ」といったという。きれいな手をしていると機嫌が悪く、あるとき事務所で本を読んでいたら、「やることがないなら工場で立っていろ」と命じた。

喜一郎はこれと見込んだものには非常に厳しかったが、一方で細かく気にかけ、給料は安かったが教育には金を惜しまなかった。齋藤には、東北大の研究室に一時戻らせて研究をやらせている。

英二については、喜一郎は最初から自分の後継者にするつもりだったようだ。工場好きで、放っておけば自分から工場に入って工員と一緒に機械いじりをやり出すタイプなので、齋藤とは逆に、入社一年目は東京の自分の手元に置いたのだ。経営は工場だけ見ていればできるものでもないことを教えたかったと思われる。

ともかくどんなに忙しいときであっても、また社会が混乱していても本来の目的を見失わず、将来を展望して人を育て、研究を怠らず、着々と打つべき手を打つのが喜一郎の本当に凄いところである。

許可会社の指定を得る

昭和十一（一九三六）年五月二十九日、遅れていた自動車製造事業法がようやく公布された。年初に成立するはずだったのだが、その前に衆議院が解散し、続いて二・二六事件が起こって政情不安となったために遅れていたのである。おかげで喜一郎は、曲がりなりにも量産体制を整えるのが間に合った。

喜一郎は大車輪で許可申請書を作成し、七月二十三日、一番で商工大臣に提出した。申請書に記した製造計画のなかで、最も大事な製造数量は、昭和十一年七月から十二月までは乗用車を百五十台、トラック・シャシーを七百台とし、バス・シャシーの百五十台を合わせて合計一千台製造するとした。ついで昭和十二年は一気に増大して、乗用車を二千五百台、トラックを二千五百台、バス・シャシー一千台で合計年六千台（月産五百台）とした。

そして昭和十三年には建造予定の挙母《ころも》工場が稼働するので、生産台数は倍増して合計で一万二千台（月産一千台）、同十四年は一万八千台（月産一千五百台）とした。

それぞれの価格は、乗用車が三千三百円。トラック・シャシーは二千九百円、三千六十五円、三千百五十円の三価格。これは、後輪のタイヤがダブルであるとか、前輪のタイヤの種類とかで価格が変わる。そしてバス・シャシーは三千百五十円。

販売方法は特約販売店からの予約とし、さらに金融会社を設立して月賦《げっぷ》販売を行なうとした。

事業資金は昭和十一年七月十一日現在、約八百八十八万円。同年十二月末日には約一千八十三万円、十二年十二月末日には約二千三百九十万円にするとした。

豊田が申請した二日後、日産自動車が許可申請を行なった。日産は小型車ダットサンの量産をしていたにもかかわらず、この許可会社としての要件を満たすために、新たにダットサンより大きい大衆車の生産設備一式をアメリカのグラハム・ページ社から購入し、量産体制を敷いていた。

商工省、陸軍省とも豊田に好意的で、豊田と日産が許可会社となる可能性大との下馬評だったが、許可会社は一社しかないかもしれなかった。さらに、日本フォードも簡単には諦めなかった。神奈川県鶴見《つるみ》の埋立地に、単なる組立工場ではなく、アジア市場での拠点として製鋼所を含めた一貫生産工場の建設を神奈川県に申請していたのである。

喜一郎は商工省、陸軍省の担当者に理解者を得たが、大物政治家、大物官僚のどちらにも顔の利く大物財界人といった人脈はないに等しかった。それだけに、どんなどんでん返しがあるかわからない。

記念展覧会の会場で。右から利三郎、前田米蔵（鉄道大臣）、喜一郎、松岡陽三

発売当時のAA型乗用車（上野公園で）

政界工作も官界工作もできない喜一郎たちは、ムードづくりに賭けた。

許可会社を決めるのは、商工省の自動車製造事業委員会である。その第一回委員会が九月十四日から三日間、開かれることになった。その三日間にぶつけて、東京・丸の内の東京府商工奨励館で「国産トヨダ大衆車完成記念展覧会」を開催したのである。

展示した車は全部で十五台。乗用車はAA型乗用車四台とAB型フェートン二台である。AA型の流線型のボディーは全長四千七百八十五ミリ、全幅一千七百四十五ミリ。現在のトヨタの車種でいうとクラウンロイヤルサルーンの大きさに近いが、車高がそれよりも高い。むしろランドクルーザーに近い感じかもしれない。最高速度は時速百キロという触れ込みである。止まっている分には実に立派な車だ。フェートン号は、AA型をオープンにして幌《ほろ》付きにしたお洒落《しゃれ》な車だ。あとは、G1型を改良したGA型トラック、DA型バスシャシー、消防車、軍用トラック、ウィンチ付きダンプトラックなど。

会場の二階では「国産トヨダ号が出来るまで」という映画まで上映し、刈谷の工場で組み立てている映像を流して製造設備をPRする。名称を「トヨダ」「豊田」から「トヨタ」に変更するのは、この展覧会のあとである。

初日の十四日には陸軍省、商工省、鉄道省、文部省の各大臣と高官、さらに各界の名士を招待した。商工省の岸信介《きしのぶすけ》工務局長（当時）が、会場でAA型乗用車に見入っている写真も残っている。

　この「国産トヨダ大衆車完成記念展覧会」は大いに話題となり、喜一郎の賭けは図に当たった。なんとこの十四日の午後、商工省で開かれた委員会で、豊田自動織機製作所と日産の二社が許可会社と内定したのである。

【2】トヨタ自動車工業、嵐の海へ

急遽、新会社と新工場を設立

豊田自動織機製作所に対する自動車製造許可会社への指定は九月十九日、公示された。同時に、日本GMと日本フォードは生産台数の制限を受け、前者は年間九千四百七十台以内、後者は年間一万二千三百六十台以内とされた。これで、日本フォードの横浜新工場の建設は不可能となった。

許可会社に指定されると、喜一郎は急いで量産体制確立の準備を始めた。許可会社には所得税、営業収益税、地方税、機械設備と資材の輸入税などが五年間免除という特典があった。だがその代わり、五年の間に年産三千台の量産体制を早急に整えることが課せられている。喜一郎はまず第一段階として、昭和十二年度中に刈谷の製作工場と組立工場を拡張して、月産五百台（年産六千台）体制を完成させる予定だった。

ところが、昭和十一年の末になって政府が予定を変え、大増産を迫ってきた。喜一郎はその苦衷《くちゆう》を次のように記している。

「商工省ニテハ極力増産ノ急務ナルヲシュチョウシ、吾々ガ計画中ナル次期増産一千台マデノ計画ヲ以《モッ》テハ物足リナイ、直チニ千五百カラスグ二千台マデノ計画ヲナス可《べ》シト、命令的ニ吾々ニセマラレルニハ、ナニカソコニ国策上必要ナルコトモアランモ、吾々トテモ五百台製作デ甘ンズルニアラズシテ、現ニ一千台製作ニス丶ミツ丶アル故《ユエ》、コノ計画スミ次第二千台計画ニ移リタル方、有利ナルコトヲ言上《ゴンジョウ》シタルモ聞キ入レラレザルハ、何ニカソコニ国策上ノ目的モアラル丶コトナラント、止ムヲ得ズ急激ナル増産計画トシテ第二次ニ千五百台、ツヾイテ二千台製作ニマデ至ル計画ヲタテザルノ止ムヲ得ザルニ至レリ」（『豊田喜一郎文書集成』所収「自動車製造部拡張趣意書」）

いきなり十二年度中に月産一千五百台とし、十三年度には月産二千台とせよと強硬に迫ってきた。これは、同年十一月に日本が日独防共協定を結んだことでイギリス、アメリカが態度を硬化させ、中国でも反日運動が高まって、国際的な緊張が一気に高まったからである。軍部は戦争に備えて軍備の増強と自動車の量産体制の確立を急がせたのだ。

月産五百台体制ではなく、いきなり月産一千五百台をつくるとなると、設備増強の建設資金が膨れ上がる。当初の予定の三倍まではいかなくても三千万円は必要と考えられた。

五百万円の増資ができなくて大揉《おおも》めに揉め、三百万円に刻まれてやっと資本金を六百万円にしたばかりの豊田自動織機にとっては、資金調達力の限界を超えている。

だが、喜一郎としては政府の要請に応じざるを得なかった。もう一つの許可会社に内定している日産は着々と準備を整え、前回、準備が間に合わなかった自動車工業と東京瓦斯《ガス》電気工業も、許可会社となるために合併を前提として運動していた。政府の要請に応じなければ、許可の取り消しを含め、いろいろ厄介な問題が起こる危険があるからだ。

喜一郎は、一気に月産二千台体制に持っていくことを決断し、刈谷組立工場の生産設備増強と並行して挙母工場の建設を進めることにした。そして昭和十二年の春、菅隆俊《かんたかとし》に挙母工場の設計と建設計画の作成を命じた。そのときのエピソードがいかにも喜一郎らしい。

喜一郎は一枚の紙きれを菅に渡しただけだった。そこには、「挙母に乗用車月産五百台、トラック月産一千五百台つくれる工場を建設してください」としか書いていない。菅はのちに、「まるでちょっとした用事を言いつけるような簡単な命令で、まったく呆気《あっけ》にとられた」と述懐している。

いきなり月産二千台もの挙母工場の建設となると、もはやこれまでのように豊田グループ内の自己資金だけでやっていくのは無理である。

喜一郎は新会社を設立して新たに資本参加を募ることにし、昭和十二年十月を目標に設立準備を始める。ところが、十二年の七月七日に盧溝橋《ろこうきょう》事件が起きて日中戦争が始まると、政府はまたまた自動車生産量の拡大を急ぐよう強硬に迫ってきた。

喜一郎はやむを得ず、新会社を八月に繰り上げて設立することにする。そのため、資本金の調達が間に合わなくなってしまった。当初の予定では、一千四百万円を外部から調達、一千八百万円の自己資金と合わせて資本金三千二百万円の新会社を設立し、さらに一千五百万円を借り入れて建設資金とすることにしていた。

ところが、設立を繰り上げたために一千四百万円の外部資金の導入を延期、とりあえず資本金を一千二百万円に縮小して内部だけで賄《まかな》い、あとの必要な資金は借り入れることにせざるを得なくなってしまった。外部出資者の説得が間に合わなかったのである。

結局、外部導入資本金一千四百万円はいずれ振り込まれる日を待ち、長期借入金一千五百万円を挙母工場建設資金に充《あ》て、工事を始めることとした。さらに喜一郎は、外部からの資本の振り込みがないので、長期借入金を随時二千五百万円まで積み増すとして急場を凌《しの》いだ。

利三郎《りざぶろう》がさぞ資金調達に苦労したと思われる。要するに自前の資金はゼロ、これまでの設備を現物出資しただけ。あとの建設資金は全部借り入れなのだ。

すでに借りられることがはっきりしている長期借入金一千五百万円の返済計画は、七年以内に七百万円返済し、さらに残りの八百万円は資本金の払込金として徴収することで一括相殺《そうさい》するとしている。

これの意味するところは、本来、外部出資者が一千四百万円の資本金として出資するはずのところ、貸付金に切り替えたことを意味する。出資金なら事業が失敗したら戻ってこないが、貸付金なら危なくなったらいつでも引き上げることができる。その外部出資者とは、いうまでもなく三井財閥である。

こうして、「トヨタ自動車工業株式会社」は昭和十二年八月二十八日、バタバタと設立登記され、豊田自動織機製作所から許可会社の権利とともに簿価二千百三十万円の資産と一千三百五万円の負債、三千百二十三人の従業員を引き継いだのである。

トヨタ自動車工業の出帆

新会社、トヨタ自動車工業株式会社の資本金は一千二百万円(払込済九百万円)。経営陣は、取締役社長に豊田利三郎が就き、喜一郎は取締役副社長となった。常務取締役が大島理三郎と竹内賢吉。取締役は寺田甚吉、藤野勝太郎、菅隆俊、池永羆《いけながひぐま》、伊藤省吾、神谷正太郎の六名。監査役が豊田平吉、西川秋次《にしかわあきじ》、岡部岩太郎、岡本藤次郎、岡崎栄一の五名である。

第一回の取締役会は昭和十二（一九三七）年八月三十一日に開かれ、次のような基本方針が決議された。

一、副社長豊田喜一郎が会社各部の組織を決定する。
二、挙母工場は十三年八月中に完成を目指して全力を注ぐ。
三、販売店の設置については、十三年三月までに各府県一販売店のすべてを決定する。

なお、新会社が「豊田」または「トヨタ」ではなく「トヨタ」となったのは、すでに前年の九月に、トヨダマークのデザインを「トヨタ」と変更していたからである。

新会社を設立すると、喜一郎は直ちに経営方針を定め、会社の組織づくりを行なっていった。経営方針は単純明快である。「安くて優秀な車の製造」だ。喜一郎は会社創立一カ月後に、全国の販売店の代表者を前に次のように述べた。

「われわれトヨタ丸は『廉価《れんか》で優秀な車の製造』という旗印を立てて、嵐の海に出帆《しゅっぱん》するのであります」

これを実現するために、会社組織も統制の取りやすい簡素なものとした。

事務部、販売部、作業部、技術部、設計部、監査改良部、研究部の七部制で、これに東京、大阪、名古屋の三出張所である。

事務部は庶務、人事、諸官庁との連絡を担当し、部長は常務取締役の竹内賢吉。

販売部は販売のほかに宣伝、サービスも担当し、部長は入社三年目で取締役の神谷正太郎。

作業部と技術部が一口に言うと製作部門で、取締役の菅隆俊と常務取締役の大島理三郎の二人が、互いに作業部長と技術部長を兼務した。実際は挙母工場建設担当が菅で、移転までの刈谷工場担当が大島ということである。

設計部は、取締役の池永羆が部長。

監査改良部は、喜一郎の学生時代からの友人で取締役の伊藤省吾が部長になった。

職制は各部長の下に係主任を置き、その下にそれぞれの係の係長、そして係員という、いたって簡単にした。

なお、研究部は喜一郎自ら部長となり、前述したとおり、東京・芝浦に研究所を置き、多彩な研究顧問を揃えた。東京帝国大学の隈部《くまべ》一雄《かずお》工学博士（専門は自動車）、同三島徳七《みしまとくしち》工学博士（材料）、同抜山大三《ぬきやまだいぞう》理学博士（理学）、東京工業大学の山田良之助理学博士（材料試験）、東北帝国大学の抜山四郎工学博士（熱力学）、同成瀬政男工学博士（歯車）、そして東京美術学校の和田三造《わださんぞう》教授（美術）などである。これらの人々は、かねてから喜一郎のブレーンとして協力を惜しまなかった人たちである。

さらに、気鋭の研究者を研究嘱託《しょくたく》として順次増やしつつあった。たとえば、梅原半二。

梅原は愛知県の出身。喜一郎の友人の抜山四郎東北大教授の弟子で、同大の講師をしていたが、抜山のすすめで研究所に入った。のちにトヨタ自工の常務となり、豊田中央研究所初代所長となる。ちなみに、梅原猛の実父でもある。

なぜ僻地挙母に大工場か

挙母工場（現本社工場）の建設は、昭和十二（一九三七）年九月二十九日に始まった。挙母は現在の豊田市《とよたし》でいまでも不便なところだが、その昔は矢作川《やはぎがわ》の水運を活かして三《み》河木綿《かわもめん》の集散地として栄えた地である。

江戸時代に入って三宅康貞《みやけやすさだ》、ついで本多氏の領地となり、さらに寛永《かんえい》二（一七四九）年、上野安中《こうずけあんなか》城主の内藤氏が挙母二万石に転封《てんぽう》された。内藤氏は挙母城を築き、城下町を整備した。

明治に入ってからは養蚕《ようさん》が盛んになり、製糸業も起こり、郡役所、警察署、税務署、裁判所出張所、憲兵屯所なども置かれる近隣の中心的な町に発展した。だが、昭和五（一九三〇）年春の繭相場《まゆそうば》の暴落で養蚕・製糸業が大打撃を受けて、町は一気に衰退していった。

土地を探していた喜一郎と利三郎のもとに、挙母に広大な荒蕪地《こうぶち》があるという話が持ち込まれたのが昭和八（一九三三）年だった。以後二年間、当時の挙母町長が中心になって地主を説得し、トヨタを誘致したのである。

トヨタが工場用地として購入した五十八万坪（これは登記上で、実測で六十二万坪）は論《ろん》地《ち》が原といわれた丘陵地で、水のない台地である。敷地のなかを、岡崎から明智《あけち》・恵那《えな》方面に抜ける街道が南北に貫いている。水がないから耕作には適さず、雑木林のままに放置されて、野ウサギ、キツネ、タヌキなどの住《す》み処《か》であった。

幸い、三河電鉄が敷地の東境線沿いに走っているので駅を新設し、引き込み線をつくれば通勤と輸送の問題は解決される。しかしここに工場をつくるとすると、松林を切り、丘を崩し、岩をどけ、谷を埋めて整地しなければならない。しかも水がないので、井戸も掘らねばならない。

なぜ、わざわざこんな不便なところに大金を投じて新工場をつくるのか。月産五百台とはいえ刈谷には組立工場があり、鋳物工場があり、機械工場があり、製鋼所もある。刈谷町内に拡張用地を求めて逐次《ちくじ》設備を広げれば、従業員の引っ越しも必要ないし、山を切り崩して整地をするような余計な経費もかからない。

実際、刈谷町は豊田自動織機製作所が自動車製造許可会社に指定され、自動車部が挙母に移る計画を進めていると知ると、慌てて格安で十万坪の土地の提供を申し出た。十万坪もあれば、月産二千台程度の工場は十分できる。社内では、刈谷町にすべしの声があがった。だが、喜一郎は挙母工場建設計画を変えなかった。

なぜか。その理由は、喜一郎が昭和十三年に配布した小冊子、「挙母工場へ移転と新製品に就て皆様へ御願ひ」を読むとよくわかる。この小冊子は豊田グループ企業の関係者、ならびに自動車販売代理店と主な顧客に配布されたものだ。

吾々が自動車の事について皆様に今迄非常な御迷惑をかけて居ましたことは、全く工場の組織が悪かつたことで、今迄は一鉄工場の形で自動車の製造をしてゐたものですが、この組織のもとで自動車の製造をする事は無理であり、又非常な無駄な経費がかゝる事と、各部の連絡が完全にとれぬ為め皆様に非常な御迷惑をかけて居たのでございます。

自動車の如く一定のものを多量に作る工場組織は一般の鉄工業とは違ひ、ずつと簡単に連絡よく行く筈のもので、その組織をよくすれば非常に経費も少く済むものでございますから、実に豊田自動織機製作所の設立された当初に於《おい》て、その組織で紡織機の製造をしたならば相当安く出来るだろうと思つてやつてみたことがありますが、紡織機位の程度の数量と又改造変更が、注文先によりて相当変化のある機械の製造にはどうしても採用出来ず失敗致しました。

それで今回の自動車製造にはその専門製作の組織が採用出来るものと思ひ種々骨を折

つて見ましたが、悲しいことには一般従業員が従来の組織になれてゐて、この組織を知らない事と、矢張その組織にする為にはそれに相当する設備が必要である事と、毎月五百台製作程度では無理であると云ふことがわかりましたので、挙母工場へ移転と同時に組織の大改変をする事と致し、一年前より従業員に新組織のことについての教育をして参りました様な次第で、挙母に移つて初めて自動車製造工場らしい組織の工場になるわけで御座います。(『豊田喜一郎文書集成』所収)

この文章はセンテンスが長くて読みにくいのと、紡織機の製作をしている者への配慮から曖昧《あいまい》な表現があるため少しわかりにくい。が、いっていることは明白である。要するに、刈谷の工場を使っていては安くていい自動車はできないといっている。

喜一郎は、自動車のように同じ物を大量に生産する場合は、量産専用の製造システムにすれば製造コストを非常に安くできると考えた。

実は、紡織機の製造でも製造システムを工夫した。コンベアを入れて流れ作業にし、ラインのそばに工程順に部品を置いてやってみた。ところが、紡織機は注文によって仕様がかなり違ってくるし、それぞれ特別な設計も必要だった。しかも、量産効果が出るほど単一製品の数量も多くならない。そのために、量産専用製造システムにはできなかった。

そこで、次の自動車製造でやってみた。ところが、やはり刈谷ではうまくいかないことがわかった。もともと紡織機製造用につくった鋳物、鍛造、機械、鉄鋼などの各工場をそのまま利用し、離れたところに組立工場がある。これでは、すべてを繋いだ一貫した量産専用ラインにならない。

しかも従業員はそのシステムを理解しないし、また月産五百台くらいの台数では量産効果も出ない。

だから鋳物工場、機械工場、プレス工場、熱処理場、メッキ工場、塗装工場、組立工場などなどすべての自動車専用の工場を一カ所に集めて、効率的な無駄のない量産専用生産システムにしなければならない。そのためには、挙母で一から専用の工場をつくらねばならない。生産台数も、増やせば増やすほど製造コストが下がるのだから月産二千台、三千台と増やしていける広大な敷地が必要なのだ……。

以上、引用した文章をわかりやすく解釈するとこうなる。

五千人の大工場を一年で建設

買収した論地が原は前にも書いたとおり、山あり谷ありの原野で、赤松のほかにカシ、シイ、クヌギなどが生い茂っている。ブルドーザーやパワーショベルなどない時代で、樹木の根を掘り起こし、岩を移し、丘を削り、谷を埋める作業を人力でやるという大変な工事であった。

工場の建設については、設計から完成まで菅隆俊が責任を持って行なった。菅の下には入社して三年目の齋藤尚一がついた。

喜一郎は刈谷でエンジンを開発していたときのように、日曜日も朝から菅の自宅に迎えの車を出して、「どう設計するか、将来の工場をどうするか」と深夜まで話すようなことはなかった。その代わり、挙母工場の建設では非常に厳しいテーマを菅に与えた。

一つは、生産台数が少ないため設備を短期間で償却できないので、二十年、三十年も使えるような応用の利く製造設備にしろということ。それから、インチからメートル法に単位をすべて切り替えること。また、クランクシャフト製造工程で、軸受けのベアリングを三つから四つに増やす製造装置にすること、といった具体的な注文もあった。それから、ジャスト・イン・タイムでやるのだから倉庫は必要ないはずだ、と建築計画から倉庫を除外させた。

菅は『豊田喜一郎文書集成』の巻末に収録されている「豊田喜一郎の思い出」と題された座談会で、「非常に難しい注文を受けて困つた。（中略）設備の上でそういう注文をつけられたことが良かつた。いまでも非常に感心している」と述懐している。

菅は、当初は建築費用を約六千万円と見積もった。実際には六千万円も資金がなくて、第一期工事は月産一千五百台規模に縮小し、建設資金も三千万円に切り詰めて、必要最小限のものだけをつくることになった。

それでも、大小さまざまな工場を四十近くもつくる必要があった。

さらに、工場以外に駅や引込線、上下水道、道路などのインフラがある。そして従業員五千人分の食堂五つ、男女一千三百人を収容する寄宿舎、二百五十戸の社宅、百室のアパート、病院、技術者養成学校、総合グラウンド。もちろん、本社事務棟も建設しなければならない。本社の向かいにトヨタ・デパートもつくることになっている。

これだけの施設をつくりながら、建設資金三千万円のうち半分の約一千五百万円を機械購入費に充てている。

各種工作機械の買い付けにアメリカに行ったのは、岩岡次郎である。岩岡は昭和十二年七月下旬に出発し、翌年の一月まで滞在している。多種多様な工作機械を、それもなるべく応用の利くように設計し直してつくらせるのだから、岩岡はデトロイトやボストンに長期滞在して、日本と連絡を取りながら注文・監督しなければならない。

この工作機械の買い付けは、ギリギリのタイミングであった。岩岡の出発したときには、すでに日中戦争が始まっていたからである。日本は戦時体制に移行し、経済統制が強まる。

軍需産業には融資が積極的に行なわれるようになっていたが、輸出入は不自由になっていく。十二月に南京《ナンキン》を陥落させると、さらに欧米の日本非難が強まる。トヨタがアメリカから工作機械を輸入できたのは、喜一郎の強運といえるかもしれない。

工場の建設工事が始まると、菅も齋藤も、ときには喜一郎まで建設現場に寝泊まりした。なにしろ、建設期間はわずか十二カ月の余裕しかなかったのである。

トヨタの幹部社員の多くが挙母の工事現場で寝泊まりしていた頃、英二は刈谷で懸命に働いていた。昭和十二年五月に東京の自動車研究所から刈谷に転勤となり、監査改良部の責任者になっていたのである。

これは喜一郎が英二のために新設した部署で、ユーザーからの車に対するあらゆるクレームを分析し、問題の原因を突き止めて対処する係りである。喜一郎が自動車づくりで最も大事な基本としている改善・改良の責任者に、入社二年目の英二を据えたのだ。このことからも、喜一郎が英二を後継者として育てようとしていたことがよくわかる。

英二は刈谷本社の近くの寄宿舎に住み、朝昼晩と会社の食堂で食事をし、毎日朝七時から夜の九時くらいまで仕事をしていた。故障ばかりしているトラックを改良する仕事の全権を任されたのだから、やりがいもあっただろう。だが、監査改良部の守備範囲は、廊下の穴ボコ直しから食堂の献立の改善まで、何でも引き受けねばならなかった。

英二は日中戦争勃発《ぼっぱつ》後、いったん兵役に取られたが、軍需産業に必要欠くべからざる技術者は召集を解除する規則ができて十月に除隊となり、刈谷に戻った。そして、ヤード・ポンド法からメートル法への転換と、刈谷から挙母への工場設備の移転準備を始めた。

メートル法への転換は、もともと政府が明治十八（一八八五）年にメートル条約に調印し、国として採用を決めていた。当然、軍はメートル法でやっていて、いずれはやらねばならないことだった。しかしアメリカはヤード・ポンド法で、自動車も工作機械も工具も、みなインチで寸法が表示してある。

トヨタでは、最初にシボレーやフォードから図面を起こしてエンジンほか重要部品をつくったので、インチで設計していた。ペンチやネジにいたるまでインチ表示なので、全部メートル法に切り替えるのには金もかかるし、微妙な部品や工作機械などでは神経を使う。

挙母工場の全景（昭和13年）

しかし、緻密な英二は苦労しながらもこれをやり遂げた。このときに英二のつくったメートル法によるネジの規格が、のちにそのまま日本の標準規格になった。

工場の移転も、戦争が始まって陸軍省からのトラック量産要請がきつく、移転だからといって生産を休むわけにはいかないので難事業だった。が、英二は一カ月以内にすべての移転を終える綿密な計画を立て、そのとおり昭和十三年の八月末から移転を始めて一カ月以内に終わらせたのである。

こうして無事、竣工式の日を迎えた。

昭和十三年十一月三日、トヨタ関係者だけで、トヨタ自動車工業挙母工場の竣工式が開かれた。全員が真新しい作業服に身を固めて見守るなか、喜一郎が代表して神壇《しんだん》に向かい、「挙母工場竣工式の辞」を宣誓し始めた。

「先考《せんこう》（亡父）之《これ》を辞に遺し、吾等《われら》之れを実践し自動車工業の生誕を看《み》る……」

これは喜一郎自身が起草したものだが、この冒頭は、佐吉が自動車をやれと言い遺し、われわれがそれを実践して、ついにこれだけの工場をつくるところまで漕ぎ着けたという意味だ。

喜一郎は紋切り型の軍国主義調で時局に触れたあと、宣誓の声を一段と張り上げた。

「人は任務に生くべし、小我を捨てて大我につけ、任務を怠りて己《おのれ》を滅ぼし、任務を全ふ

挙母工場発足の日。前列右より竹内賢吉、喜一郎、大島理三郎、岡野栄三、後列右より菅隆俊、神谷正太郎、伊藤省吾

入社した頃の英二

して己を発揚す、各自受持ちの任務に満腔《まんこう》の誠《まこと》を致せ、集りて偉大の力を生ず、連鎖も一環の集りなり、一個人の不注意を以《もつ》て、全工場の努力を空しうす、一本のピンも其《そ》の働《はたらき》は国家に繋《つなが》る、各自の業務に無駄あるべからず」

以下はまた紋切り型の言葉になって、宣誓が終わった。

宣誓のあと、喜一郎は工場始動のスイッチを押し、全工場に一斉に明かりが灯り、うなりとともにモーターが回り始めた。

以後、この十一月三日を創業記念日とする。そして、いよいよジャスト・イン・タイムの実践である。

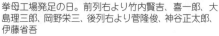

【3】独創的構想の実践

独創的発想の真意

喜一郎が挙母工場で構築しようとした量産専用製造システムは、単に安い車を量産することだけが目的ではなかった。それだけなら、フォード・システムと変わらない。そしてフォード・システムと同じなら、マーケットが大きくて製造台数が圧倒的に多いアメリカの自動車産業にどうやってもかなわない。

自動車の製造技術、生産システムでは、当時はフォードが世界でナンバーワンと言っていいだろう。そのフォードと同じことをやっていたのでは、コストはむろんのこと、品質でも永遠に追いつけない。喜一郎にとってこのコスト差を埋めることは大きな課題だったが、それ以上に品質の差を埋めることが重要だった。

喜一郎が最も頭を悩ませ、考えついたのが、前にも少し触れたジャスト・イン・タイムである。これが部品のつくりすぎをなくし、コストダウンに結びつくということは前に説明したが、実はそれだけではなく、品質の改良にも効果があるのである。

喜一郎は次のように述べている。

以前に悪いと云ふ事が判つたら今迄作つた部品を全部棄てゝ改良部品の製作を急ぎ、それを代用したから比較的早く改良が出来ました。然《しか》し当社としては非常な損失で毎月何万円と云ふ不良部品の損失が出ました。（中略）一方段々製作台数が多くなるに従つて、部分品の製作数も多くなり、従つてそれを全部棄《す》てる事はあまりに損失が多くなるので其《その》部分品を使用してしまうまで新改良品が出ない事になつたので、改良が非常におくれたわけで御座います。

この欠点は全く組織が悪かつたので従来の如き一般鉄工場の組織がやつてゐる間は止むを得ない事で御座います。然し自動車の改良進歩は永久的に実行される可《べ》きもので、これなくしては自動車の進歩はない故《ゆえ》に斯《かか》る改良が短時日に然も完全に実行されて行く事が自動車製造業者としては最も大切なる事であります。製作数量が多くなれば多くなる程、仕掛部品数も多くなり、改造に相当の月日を要する事になります。改造に相当の月日を要する事は自動車の進歩の遅れる事です。吾々が刈谷工場で一番困つたのは此《こ》の点で御座いました。（『豊田喜一郎文書集成』所収「挙母工場へ移転と新製品に就て皆様へ御願ひ」）

ここで喜一郎がいっているのは、量産をすればするほど一台あたりのコストは下がる。しかし量産が進めば進むほど、一改良あたりのコストは激増するという矛盾である。量産してコストを下げたい、でも改良がやりにくくなる。これを解決する方法こそが、ジャスト・イン・タイムなのである。

ところで、以上引用した小冊子の文章のなかで、喜一郎は「ジャスト・イン・タイム」という言葉は使っていない。しかし、『モーター』（昭和十三年七月号。『豊田喜一郎文書集成』所収）の「豊田氏理想を語る」というインタビュー記事で、挙母工場の製造ラインの理想として「ジャスト・イン・タイム」という言葉で説明している。

喜一郎があえて挙母に一から工場をつくろうとしたのは、量産によるコストダウンを狙うと同時に、改良に伴うコストの激増を防ぐために自動車専用量産製造システムを構築し、それをジャスト・イン・タイムという独創的な発想で作動させるためだったのである。

改良とは、それまでの在庫部品を捨てることに繋がる。このことを押さえないと、トヨタ生産方式の出発点はわからない。そして喜一郎の独創性も、挙母工場で何をしようとしたのかもわからない。

英二たちによる実践

さて、ではジャスト・イン・タイムの理想はいいが、具体的にはどんなやり方をしたのか。

実は、喜一郎に命じられてこれを実践したのが英二たちだったのである。

トヨタ生産方式というと、いまでは大野耐一《おおのたいいち》抜きでは語れないが、この頃、大野はまだ豊田紡織にいて、石田退三の下で紡織工場で女工たちの作業を標準化し、効率化と不良品の撲滅に取り組んでいた。

英二は挙母工場ができると、第二機械工場の責任者となった。機械工場は第一がエンジン、第二がエンジンの付属部品、第三が足回り部品の工場となっていた。

喜一郎は英二に、ジャスト・イン・タイムを実現するために克明な指示を出した。以下は、そのことについての英二自身の記述である。

挙母工場ではメートル法の採用と同時に流れ作業の導入を決めた。喜一郎はそれを実現するため、克明なパンフレットを作った。彼の頭の中には工場を建設する前から、流れ作業が頭の中にあった。

刈谷工場では鋳物からできた半製品をいったん倉庫に入れ、それから機械で削っていた。個々の部品についても、ピストンであれ、どんな部品であれ、毎朝何個つくれという伝票が回ってくる。それが終わると次に穴を開けろという指示がくる。

いわゆるロット生産をしていたが、これを全部流れ作業にするというのが喜一郎の考えだ。すると品物のたまりはなくなり、倉庫も要らない。ランニングストックが減って、余分な金が出なくなる。逆にいえば、買ったものが金を払う前に売れてしまうわけで、この方式が定着すれば運転資金すら要らなくなる。

喜一郎の考えた生産方式を要約していうと、「毎日、必要なものを必要な数だけつくれ」ということである。これを実現するには全行程はいやでも流れ作業にならざるをえない。「ジャスト・イン・タイム」というのも、そのとき喜一郎が言い出した言葉で、要は「間に合えばいい、余分につくるな」ということである。当時はかんばんこそなかったが、毎朝、その日の生産数字が書き込まれた伝票が回ってきた。決められた数だけ生産すれば、早く帰ってもいいし、できなければ残業となる。

流れ作業の考えをどうやって社内に定着させるか。まず従業員、とりわけ管理、監督にあたる人の教育を徹底させなければならない。画期的なことだから、旧式の生産方式が頭にこびりついた人から洗脳する必要がある。喜一郎がつくったパンフレットは厚さ十センチもあり、流れ作業の内容がこと細かに書き込まれてあった。われわれはこのパンフレットをもとに講義した。これがトヨタ生産方式のルーツである。（『決断―私の履歴書』）

流れ作業で、その日に必要な物だけをつくる。それがそんなに難しいことなのだろうか、と思う読者も多いことだろう。

難しいのである。難しくなる一番の原因は、高度な技術を要する工作機械を使わなければならないからである。部品をつくる作業員は、軸を削る旋盤《せんばん》を使うにしろ、穴を開けるドリルを使うにしろ、加工する対象の材料を見て刃を替え、機械を調節する。そして最後は、長年の経験から体で覚えたカンで機械を操作する。

そういう技能工を、人件費など気にせず無制限に使い、機械をいくらでも増設して作業を細分化できれば、ジャスト・イン・タイムは難しくない。

問題は、限られた人数と限られた機械で、毎日、複数品種少量生産をやらねばならないということなのだ。ある部品を十個削って、また別の部品を削るために旋盤のセッティングを換える。そして十個削ったらまた旋盤のセッティングを換える。いちいちそんな面倒くさいことを毎日やるなら、いっそ三日分三百個、今日いっぺんに削ったほうが効率も上がるし、いいに決まっている、と現場の技能工は思うのである。現場の責任者も、自分の持ち場の効率と労力を考えたらそのほうがいいと思う。

しかし、それをそれぞれの工場で始めてしまったら、そこらじゅう仕掛り品の山になり、倉庫は部品在庫で溢れ、鋳造から組立までの一貫した流れ作業など夢のまた夢になる。

つまり、喜一郎の理想とした「ジャスト・イン・タイム」が実現できるか否かは、製造現場の人の教育と、それぞれの現場で複数品種少量生産が無理なくできるシステムが構築できるかどうかにかかっている。

結論からいうと、結局、喜一郎の時代にはできなかった。喜一郎が従業員を徹底的に教育して定着させようとした生産方式は、その後、戦争が始まり、すべて壊れてしまったからである。

なお、トヨタ生産方式にはもう一つ、重要な原理があると思われる。

「喜一郎の考えは検査で不良品が見つかったときは、不良品の出た工程を直せということである。検査工長の仕事はいい物と悪いものを区別するだけではなく、不良品が出ないように、機械なり設備なり道具なりを直す種を見つけ出すことである」(『決断―私の履歴書』)

不良品が見つかったら不良品の出た工程を直す。喜一郎のこの考えの実践が、トヨタを今日までにしたといっても過言ではないだろう。検査工長という役職名はその後、いろいろ変わるが、いまも受け継がれて「現地現物」を実践し、日々改善の先頭に立っている。

トヨタ生産方式は、今日では多くのサブシステムを持つ大きな体系に発展し、特殊な用語にも幻惑されて非常にわかりにくいもののように思われているが、煎じ詰めれば「間にあえばいい、余分につくるな」と「不良品の出た工程を直す」の二つに収斂《しゅうれん》できるのではなかろうか。

ところで、喜一郎がつくったという流れ作業とジャスト・イン・タイムを徹底させるための「厚さ十センチもあるパンフレット」は、残念ながらまだ見つかっていない。

それとは別に、『創造限りなく―トヨタ自動車50年史』に、喜一郎が組織の整備と併せてジャスト・イン・タイムの考え方を社内に定着させるためにつくったという業務別の心得帳や業務規定のリストが出ている。十九種類もある服務規程や心得帳のなかには「組立進行規定」とか「監査改良規定」などもあり、これも厚さは全部で十センチにも及んだという。

業績は急上昇すれど

挙母工場は、稼働し始めると直ちにフル操業に入った。政府の軍備拡張、生産力拡充政策のおかげで、自動車の需要が急激に拡大したからである。

政府は生産力拡充四カ年計画を策定し、トヨタ、日産の許可会社は、昭和十四（一九三九）年度はそれぞれ二万台、十五年度は二万五千台、十六年度は四万台製造するようにと指定した。

このため、挙母工場をフル操業させても生産が間に合わなくて、昭和十四年四月には資本金を三千万円に増額し、生産設備の増強に乗り出した。だが、すでに外国製機械の輸入が困難になっていたため、喜一郎は工作機械を自前でつくることにし、工作機械の研究に当たらせた。工機工場では二交代制で工作機械を製造するほど、製造設備の増強が急がれた。

前年まで売れなかった車が突然売れ始めて、当然のことながらトヨタ自動車工業の業績は急上昇する。昭和十三年三月期は二十二万円の損失だったのに、十四年の九月期はいきなり二千五百五十万円の売上げを記録し、百二十二万円の利益を上げた。

そして昭和十四年九月一日、第二次世界大戦が勃発。このため外国車の輸入は完全に途絶えて、国産車の需要がますます高まる。その頃は月産一千台程度だったが、軍だけでなく民間からも注文が殺到し、需要に応じきれない日々が続いた。

挙母工場の操業が始まった当初、喜一郎は毎日、昼も夜も時間さえあれば工場に出て問題解決の先頭に立った。ジャスト・イン・タイムの考えを浸透させるためと、不良品や不具合の原因をその場で突き止めて改善するのを実践してみせるためである。

優秀な車をつくるには、それしかない。現地現物。その場で考え、その場で体を使って原因を追及し、解決策を何度でも試してみる。それしか方法はない——父親の佐吉がそうやって織機を発明し、自分もそうやって自動織機や紡績機の開発に取り組んできたのだ。

喜一郎は自ら手を汚して、どんな小さなことでも改善に取り組んだ。若い技術者がきれいな手をしていたり、技術書を読んでいたりすると怒った。

喜一郎の陣頭指揮が実ったのだろう、トヨタの自動車は急速に品質が向上した。

操業が安定したのを見て、喜一郎は昭和十四年春に、トヨタ自動車販売店の経営者たちを挙母工場の見学に招待した。工場を一般人に見学させるのは喜一郎の当初からの計画で、見学用のコースも最初からつくるように指示してあったのである。

会社の業績は急上昇、車の性能も意外と早く実

家族とともに。前列左より喜一郎、妻・二十子、長女・百合子、後列左より長男・章一郎、次男・達郎、次女・和可子

用に耐えるようになってきた。中国大陸にも、日産は満州、トヨタは満洲以外の中国大陸にと区分けされ、それぞれ進出していた。天津《てんしん》にトラック組立工場を設立し、上海《シャンハイ》も豊田自動織機が持っていた自動車の修理工場を引き継ぎ、組立工場を設立した。どちらも順調に業績を拡大していった。

順風満帆《じゅんぷうまんぱん》である。この調子でいけば、二千五百万円の長期借入金の返済もすぐ終わりそうだった。

が、喜一郎の顔は浮かなかった。肝心の大衆乗用車がほとんどつくれなかったからである。政府は昭和十三年五月に国家総動員法を施行し、すでに重油・揮発油の切符制を実施していた。同年八月には、商工省通達で乗用車の製造は原則として禁止された。

商工省の通達によると、乗用車についてはトラックに流用できない資材や部品で製造できる物に限るとしていた。しかも、そういう乗用車専用の部品でつくった車も軍部の注文に応じて供給すること、民間への供給は差し控えよ、というものだった。

このため、十三年度の乗用車の生産は、四百五十八台に終わった。さらに十四年度は八十四台にまで落ち込んだ。

そんななかで、一台の新型乗用車が開発された。商工省が戦時経済車として、三千三百八十九ccものエンジンを積んだトヨダＡＡ型よりも一回り小さい中型乗用車の開発を十三年三月に要請していたからである。

これが、喜一郎がかねてから開発していた二千二百五十八cc、四十八馬力のC型エンジンを積んだAE型乗用車である。そして昭和十四年十一月一日、「皇紀二千六百年記念トヨタ国策乗用車」として発表し、名称とボディーの色とマスコットを懸賞金付きで一般公募した。軍事一色に塗り込められつつある時代に、商工省の了承を得たとはいえ、喜一郎はあえて新型乗用車を派手に懸賞付きで発表した。思うように乗用車を生産できない無念さを、そのように表現したのだと思われる。

AE型の名称は「新日本号」と決定したが、結局、製造したのは極く少量だけに終わった。喜一郎はそれでも乗用車の研究を諦めず、芝浦の研究部で小型車の試作を続行し、資材が得られなくなると上海の工場で試作研究を続行させた。

このように、念願の大型乗用車の生産は不可能になってしまったが、企業としてのトヨタ自動車工業は驚くほど順調に船出したのである。

【4】戦時体制下の誤算と失意

「当社経営上ノ癌」

外からは、トヨタの経営は一見、順調に見えた。挙母工場は「トヨタの流れ作業」として有名になった。が、喜一郎は苦闘していた。早々と品質向上の限界にぶち当たっていたのである。

問題は部品である。国内製の部品の品質が悪いことは前からわかっていて、喜一郎は肝心な部品は輸入で当座を凌ぎつつ、順次自社での製作に切り替え、さらに国内部品産業を育成していく方針だった。その当座を凌ぐ外国製部品の入手が、日中戦争の拡大、第二次世界大戦の勃発、日米関係の悪化で不可能となった。

これを解決するには、重要な部品の自社製化を急ぐしかない。

昭和十四年十月二十六日に開かれた第五回株主総会のあとの重役会議で、経営方針の変更が決まった。その内容は、喜一郎自身が起案した「今後の経営方針」(『豊田喜一郎文書集成』所収)に詳しく記されている。

喜一郎は冒頭から焦りと不安が色濃く出た文章で、「二千万円ノ過剰投資」が「当社経営上ノ癌《ガン》」であると切り出している。そして、「常ニ非常ナ不安ヲ抱キツ、本事業ヲ経営セザル可《ベ》カラザル甚《ハナハ》ダ面白カラザル経営ヲ続ケテ行カナクテハナラヌノガ当社ノ現状デアル」と言う。

この現状の打開策として、喜一郎は大々的な「部品の内製化」を発表した。つまり、品質の向上と二千万円の過剰投資の二つの問題を、「部品の内製化」で一挙に解決するとした。しかし新たに部品の内製化を始めるとなると、そのための設備投資と従業員が必要になる。新たな設備投資をしても、「部品内製化」のほうが利益が上がるという計算が成り立つかどうかが問題だ。

喜一郎は、当時ストックしていた材料と外注部品七百点(ボルト類を除く)を精査した。その結果、六〜七カ月分の材料と部品、金額にしておよそ一千五百万円分のストックがあることがわかった。この一千五百万円分のストックを「部品の内製化」によって切り詰め、「経営上ノ癌」を償却する原資を捻出《ねんしゅつ》しようとしたのである。

当時、トラック一台は四千円から四千五百円で販売していたが、一台あたりの外注部品九十点と材料の金額は二千三百円である。

喜一郎はこの九十点の外注部品を内製化すると、一台あたりの外注部品代のコストは二千円から一千円に半減するとした。

ただし、確かに外注部品を減らせば外注に払う金額は減るが、内製化した部品の製造コストが本当に外注品よりも安くなるかどうかは、やってみなければわからない。が、そこは得意のジャスト・イン・タイムでやれば乗り切れるとしたのだろう。

この方針に従って、喜一郎は直ちに品質の改善と部品の内製化に突っ走る。だが、思いどおりに成果が上がらなかったのだろう、昭和十五年二月四日付で、社内の幹部一人ひとりに次のような手紙を送った。

当社製品ハ未ダ完全デナイト思ハレル点ガ沢山アリマス。ソレヲ出来ルダケ早ク改善シテ真ニトヨタ車トシテ恥《ハズカ》シク無イモノニ致シ度《タ》イト思ヒマスノデ、皆様ガ日頃御気付ノ点及ビコノ手紙ノツキ次第、一度工場内ヲツブサニ視察シテ欠陥ダト思ハレル点ヲ指摘シテ下サイ。

一、製作ノ順序ノアヤマレル個所。

二、製作ノ丁寧サヲモット強調シナクテハナラヌ点。

三、新工程トシテ入レモット手ヲカケテ製作シナクテハイカヌ点。精確度ヲタシカメル為メニ工程中又ハ工程後検査シナクテハナラヌ要所。

四、外注シテ居テハ如何ニシテモ満足出来ナイカラ当社製ニスル必要アルモノ。

五、現在ノ機械及設備デハ如何《イカ》ニシテモ満足ナモノガ出来ヌカラ又機械及設備ノ変更ヲ必要トスルモノ。

此ノ点ヲ各個人個人ノ立場カラ考ヘツイタ事ヲ個条書《カジョウガ》キニシテ本月13日迄ニ工務重役室受付係ニ社長宛トシテ出シテオイテ下サイ。(『トヨタ自動車30年史』)

喜一郎の必死さの表れている文面だ。この文面から、喜一郎が自社の車の品質について恥ずかしく思っていることがよくわかる。その一方で、コストのことはあまり気にしていないようだ。これまでの過剰投資を「経営上の癌」とまでいっているのに、この手紙の最後で機械設備の変更が必要な箇所をあげよ、という。

喜一郎の本心は、「経営上ノ癌」である「二千万円ノ過剰投資ヲ消却《ママ》」することよりも、部品を内製化して車の品質を向上させることだったと思われる。

しかし、喜一郎の意欲もここまでが限界だったようだ。統制経済の進展で経営の自由を失い、「経営上の癌」の負担が急激に重くのしかかってきたのである。

喜一郎の誤算

喜一郎の人生にとって、昭和十五(一九四〇)年は一つの分岐点だったといえるかもしれない。

この年一月、商工省はトラックの装飾メッキを禁止した。二月に石炭不足による電力調整令、三月に鉄鋼受給統制規則が公布、四月には石炭配給統制法が施行された。そして四月二十二日、米、味噌、醤油などの生活必需品が配給制となった。さらに六月、物資動員計画が閣議決定され、操業短縮(操短)が始まる。

なぜ短縮せねばならないかというと、前年十四年の七月二十六日、アメリカが日米通商航海条約破棄を通告し、経済封鎖を図ったことが効いてきたからである。

この操業短縮が昭和十四、十五年と設備投資をしてきたトヨタを直撃した。十五年度の年間二万二千二百台の生産計画は、一万三千五百台に削減されてしまった。つくりたくても資材の確保もままならない状態になり、十五年三月期は百七十五万円の利益を計上できたが、九月期は六十三万円に激減した。

結果的に喜一郎は、政治経済情勢の急激な変化を読み誤ったともいえる。

トヨタは挙母工場の操業を昭和十三年十一月三日に開始し、半年後の昭和十四年四月に資本金を三千万円に増資して鋳物工場や製鋼所の設備を増強した。十月二十六日の株主総会で初めて年五分の配当を出し、業績は絶好調だった。喜一郎はいよいよこれからとばかりに、さらに設備投資を決定した。それが裏目に出てしまったわけだが、喜一郎を責めることはできないだろう。

だが現実に、昭和十五年に入って統制経済がどんどん強まっていくのに逆行して、トヨタの設備は充実していく。

二月、財団法人豊田理化学研究所の設立を決定。三月八日、かねて用意した愛知県知多《ちた》郡上野町《うえのちょう》（現東海市《とうかいし》）の十万坪の工場用地に、資本金一千七百万円で豊田製鋼株式会社（現愛知製鋼）を設立。これには、豊田自動織機製鋼部や刈谷工場の製鋼事業などを現物出資した。また、工作機械部も十四年十一月に分離独立を決定していて、刈谷に土地を求めて建設準備を進めていた。

自動車をつくろうにも原材料の確保が難しくなっていたのに、なぜ製鋼所や工作機械の会社（豊田工機株式会社、資本金公称八百万円）の設立を中止しなかったのか。それは、製造設備を有したほうが資材の割り当てが得やすくなっていたからである。昭和十四年十月の物価統制令で、完全に市場経済の原理は通用しなくなった。統制経済ではコストなど関係なくて、製造設備を持っているほうが強いのだ。

昭和十五年六月に操業短縮が始まると、喜一郎は政府や軍を相手に資材を確保することに力を入れざるをえなくなったが、そういう仕事は得意ではない。

同年九月二十七日、日独伊三国同盟が成立。日本は米英仏ら連合国側と事実上の「臨戦状態」に入った。石油、鉄鋼などはますます逼迫《ひっぱく》し、統制がより厳しくなる。自動車業界も、業界再編に向けて動き出した。喜一郎は急変する内外の状況に備えて十一月二十三日、企画部を創設。喜一郎が総部長となり、その下に技術、調査、外国、情報、資材の五部長を置き、各官庁、軍部、業界の情報を収集して事態に備えることにした。

しかし、技術者主体の企業なので、そういうことは得意ではないのである。そこで、昭和十六年一月二十八日に臨時株主総会を開催し、経営陣の強化が図られた。

新しく取締役に加わったのは、三井物産取締役の赤井久義、京都高島屋支配人兼京都トヨタ自動車販売取締役社長の飯田新三郎、そして購買部長の岡崎栄一の三人である。赤井は三井財閥からのテコ入れ、飯田は喜一郎の妻・二十子《はたこ》の実家の当主で、児玉系と佐吉系のバランスをとったということか。岡崎は物資調達の長として取締役への昇格である。

前回の四月の株主総会で、増資に伴って東洋紡専務の伊藤伝七が取締役になり、監査役に日本生命会長の佐々木駒之助と伊藤忠商事取締役の伊藤忠兵衛が就任している。再度の経営陣強化で、喜一郎のワンマン体制は完全に終わったといえるだろう。

とくに、この人事のポイントは赤井久義だ。赤井は喜一郎に代わって、戦時経済統制に対応する経営実務を担当すべく投入されたのだ。

株主総会後の取締役会議で、利三郎は会長に退き、喜一郎が社長に昇格、赤井が副社長に就任した。企画部も総部長は喜一郎のままだが、副部長に赤井が就いた。

赤井は企画部を経営の中枢機関とするべく、企画部長の補佐機関という名目で審議会を設置した。ここに各部門の長を入れ、さらにグループ企業を代表して、豊田自動織機製作所の取締役になっていた石田退三も委員に入れ、六人の委員で構成した。

各委員は自分の担当分野で、「重要ト認ムル問題ハ審議会ニ提出ス」(「企画部並ニ審議会設置要綱」)とされている。つまり重要な問題を直接、喜一郎に報告して喜一郎が決定するのではなく、まず審議会に持ち出して委員みんなで議論することになった。

赤井久義

副社長に就任するや直ちに経営陣の意思決定システムを改編し、喜一郎ワンマン体制から合議制にした赤井の手腕は鮮やかである。

もっとも、乗用車の生産を事実上禁じられ、トラックの生産も統制経済で縛られて思うに任せず、経営者としての意欲をなくしかけていた喜一郎にしてみれば、赤井に経営実務を任せることができてホッとした面もあったに違いない。

このあと、喜一郎は七月に日本自動車製造工業組合の理事長に就任、さらに十二月には自動車統制会の評議員になる。この二つの役職のうちで重要なのは、自動車統制会である。これは、政府が自動車業界を効率よく管理統制するためにトヨタ、日産、ヂーゼル自動車工業、川崎車輛、日本内燃機、車輪工業の六社を指定して設立させた組織である。なお、ヂーゼル自動車工業というのはのちのいすゞで、石川島自動車、ダット自動車、東京瓦斯電気工業の三社の流れを汲む東京自動車工業が大型トラック用のディーゼルエンジンに活路を見出して、昭和十六年四月になってようやく自動車製造事業法の許可会社となり、ヂーゼル自動車と社名変更したものである。ほかの三社は特殊車輛やオートバイ、オート三輪などのメーカーである。

自動車統制会は各社の代表から構成される業界団体だが、ここで部品や自動車の配給が決まるため、しっかり対応しないと割を食う。トヨタは喜一郎のほかに赤井副社長が監事になり、もう一人、岡野栄三取締役を理事兼総務部長として出向させた。喜一郎は政治的な駆け引きなど得意ではないが、その辺は赤井がしっかりカバーしたと思われる。

赤井については、のちに大事故が起きるのでそのときに触れるが、能力、人物ともに高い評価を得ていた。昭和十六年から二十年までのトヨタの経営は赤井が仕切っていた、といっても過言ではないだろう。

では、喜一郎は何をしていたのか。

戦時体制下の失意

昭和十六（一九四一）年一月に社長になってからの喜一郎は、半分引退したような状態といってもいいだろう。日米開戦は避けられないとみた政府は、この年の中頃から操業短縮を解除、一転してフル操業となった。そのため、生産台数はみるみる上昇し、ついに大東亜戦争が始まった十二月の生産台数は二千六十六台で、これまでの最高を記録した。

操短をしていたかと思うと、今度は無茶苦茶な増産命令だ。品質も何もあったものではない。もっとも、これは線香花火の最後の明るさみたいなもので、すぐに資材不足で急速に落ち込む。しかも、つくる車は商工省がエンジンの規格を統一した標準型式に絞られ、最後はヘッドランプを一つにしたり、ブレーキを後輪だけにしたりというとんでもないトラックまでつくるようになるのである。

喜一郎は自動車製造への興味を失った。というよりも、何かやろうとしても政府・軍の言うことに従う以外のことはほとんど何もできないのだ。

大東亜戦争が始まると経済統制はいっそう強まり、各自動車会社の販売組織は、日本自動車配給会社に組み込まれることになった。昭和十七年三月には、トヨタ自動車販売網の解散式が名古屋で行なわれ、全国からトヨタ系のディーラーが集まった。喜一郎は全国のディーラーたち約百人を自ら蒲郡《がまごおり》に案内し、海に網を張って魚を獲って遊んだ。そして、獲った魚を鍋にして宴会となった。宴もたけなわとなった頃である。突然、喜一郎が思いがけない言動をし、ディーラーたちの心を大きく揺さぶる。

小野彦之丞《おのひこのじょう》青森トヨタ社長が、雑誌「Ｍｏｂｉ21」（ｖｏｌ・３）のインタビューで明かした秘話である。

豊田さんが、こんなところで申し訳ないがと、挨拶に立って話し始めた。

「つい最近のことでございますが、自動車の代表者集まれというので商工省にまいりました。陸海軍の人たちも、商工省高官も全部集まっている中で値段を決めるということであります。軍用自動車の公定価格を決めるのですが、商工省の案が出ました。始めの案ではトヨタも日産も同じ値段でした。しかし、鮎川義介《あいかわよしすけ》さん（中略）が、この原案でやったらうちの技術屋は全員泣くでしょうと、たった一言、それだけを言ったら、商工省や陸海軍のお偉方がもう一回協議しようというので別室に入りました。そして間もなく出てきたら、日産とトヨタは一〇〇円の値違いにする。ご承知ください、と」（中略）

喜一郎さんは、声を上げて泣きました。しゃべっているうちに興奮して泣いて、「こんなに侮辱されたのは初めてだ」と。（中略）「諸君、よく聞いてくれたまえ」と、（中略）ご自分が悔しいだけでなく、一生懸命に作っている従業員や販売してくれている皆さんに申し訳ないと言うんですね。だれもがほだされ、引き込まれてしまいます。

神谷正太郎

当初から喜一郎は販売店を大事にしてきて、販売店経営者たちから敬愛されていたのだが、この悔し涙でますます喜一郎ファンが増え、トヨタの販売店網は解散するが心の結束は一層強まったという。たしかに感動的なエピソードだが、やはり少し喜一郎の感情の起伏が激しくなっていた時期だったのかもしれない。

実は、『豊田喜一郎氏』のなかで著者の尾崎正久は、喜一郎はこの頃、人が変わったようになり、酒浸りの生活を送っていたとまで書いている。

喜一郎は佐吉譲りの酒豪で、いくら飲んでも酔わないといわれたが、この頃から深酒をして酔っている姿が目撃されるようになったのは事実のようだ。そして深酒が原因で、高血圧が進行する。

昭和十七年六月に、日本自動車配給株式会社(以下、日配)の監査役など業界の役職に就くが、実務にかかわるポジションとしては神谷正太郎が常務取締役になった。

なお日配は、全国の販売代理店に車を分配する組織である。トヨタの代理店も日産の代理店もこの組織に属し、配給を待つ。生産された自動車はすべて日配に渡すことになっているが、まず軍が必要なだけとり、残りを日配が民間に配給するシステムである。神谷はこの日配の常務となって日産系のディーラーと知り合い、戦後、その縁を生かして日産系のディーラーをごっそり引き抜き、一気にトヨタの販売網を築くことになる。

敗戦後に向けられた眼

喜一郎は昭和十八年二月十八日、川崎航空機工業と共同出資(資本金五千万円)で東海航空工業(のちに東海飛行機と改称)を設立し、自ら社長として飛行機づくりに意欲を燃やすが、これも結局、資材不足でどうにもならなかった。

それでも自動車は重要な産業として、国家が最後まで生産体制を維持しようとしただけましであった。悲惨なのは紡績業である。

昭和十七年二月、軍事優先で民需が縮小し、仕事がなくなった豊田紡織、豊田押切《おしきり》紡織、中央紡織などのグループ会社と東綿系の内海紡織、協和紡績が合併して中央紡績となった。昭和十八年に入ると、中央紡績はもっと大きな業界再編成の波を受ける。

このとき利三郎は、政府や紡績業界の大勢に従わず、同業他社との合併を蹴り、あえて異業種のトヨタ自工との合併を選んだ。豊田財閥を守ろうとしたからである。

実はこの時期、監督官庁の主導のもと、強制的に各業界で企業合同が進んだ。そして合同後、経営の主導権を握ったものが他の経営者を排除し、統制経済下における企業合同という形の乗っ取りがそこここで起きた。

明敏な利三郎は、乗っ取られるくらいなら紡織業ができなくなってもよいと決断したわけである。その結果、トヨタ自工が中央紡織の従業員を引き受けることになった。その引き受けたなかに、のちにジャスト・イン・タイムを復活させ、トヨタ生産方式に発展させていく大野耐一《おおのたいいち》がいたのである。

戦後、トヨタ自工の社長として大活躍する石田退三も、同じように紡織業の操業短縮、業界再編の影響で自動車づくりにかかわりをもった人間である。

豊田自動織機は、軍から割り当てられた銃剣、砲弾、機関銃などをつくっていたが、それだけではやっていけないので、石田はトヨタ自工に行き、自動車部品のなかで自動織機でつくれそうな部品を選び、ピストンリング、ピストンピン、クラッチハウジング他の部品をつくり始める。なお、仕事を取りすぎた石田は、浜松の本田という若い工場主にピストンリングの下請けをやらせた。それが本田宗一郎《ほんだそういちろう》である。本田は戦後、大野耐一とも親交を結ぶが、それは別のテーマだ。

すこし脱線した。要は、石田、大野という豊田グループが抱えていた人材が、喜一郎が自動車づくりに意欲をなくした時期に自動車産業にかかわりをもってきて、後世から見ると、巧まずして来るべき主役の交代を暗示していると思うのである。

喜一郎はたしかに、会社経営に意欲をなくしていた。深酒もするようになっていた。しかし、技術開発への情熱までなくしたわけではなかった。また、将来への希望も捨てたわけではなかった。

喜一郎は、官庁や軍人向けの高級車づくりにかこつけて乗用車の製造技術を残そうと、技術者たちに試作車づくりを命じ、また陸軍と共同で水陸両用車やジープのような四輪駆動車も開発した。この車が戦後最初の輸出車となり、「ランドクルーザー」に発展するのである。

また一方で、日本の敗北を冷静に冷徹に予測して戦後の事業構想を練り、信頼できる者には真意を明かしていた。

或る時、豊田喜一郎様から「今の自動織機の不振を救うためには、石田常務のような性格の人が適任だと思うが、時には会社の将来のためにならないような指示が出るかも知れない。そうした指示は絶対受けてはならない。現況は軍部から軍需品増産の命令だけだから、紡織機の生産のことなど眼中にないかも知れない。しかし近い将来、紡織機が活況をきたす時が必ずくるから、軍部に迎合して、紡織機用生産設備を破壊してはならない。豊田（利三郎）社長も私も現場のことは一切君に任せてあるのだから、心配せずに励んでくれ給え」と、ありがたいお言葉をいただいた。

石田退三

そして戦争がどのような形で終わるかは判らないが、平和時代になれば、紡織機械は輸出も内需も非常に忙しくなる。その時に備えて治工具類や大物加工工具は、監督官の眼のとどかぬ所に、防錆剤《ぼうせいざい》を塗って保管すること。鋳造用の金枠類も保存すること等ご指示をいただいた。（『メキシコまで──河原潤次《かわはらじゅんじ》自伝』）

喜一郎のこの指示が、戦後いち早く豊田自動織機が復活することに大きく貢献し、ひいてはトヨタ自工の危機を救うことにもなる。喜一郎は自動車会社の経営に意欲を失っていたが、飲んだくれてばかりいたわけではないのである。もう一つ、この頃の喜一郎のエピソードを紹介しておこう。

昭和一九年のころだった。太平洋戦争の戦局は日々に不利とはいえ、まだわれわれは戦争の将来に関して希望を失っていなかった。ところが、豊田喜一郎社長はすでに日本の敗戦を見越して憂慮に耐えず、単身松島の瑞巌寺《ずいがんじ》で座禅三昧《ざんまい》の日を送っていられるというニュースが入った。そのころ、私は一介の研究者として仙台の大学にいたが、ある日、社長から松島へこいという手紙が届いた。ひょっとしたら私も座禅をさせられるのではないかと、恐る恐る松島にでかけた。

ところが社長は意外にもお元気で、温顔でもって私を迎えてくださった。そしていきなりヘリコプターの話から始まり、次から次へと出てくるのは技術開発の話ばかり。

このことは後々までも私には謎であった。さぞかし焦燥《しょうそう》と苦悩の日々を送っていられると思っていたのに、社長にそんな気配が少しもなかったのは一体どういうわけかと、長く不思議に思っていた。

このことを最近、息子の猛（引用者注／梅原猛のこと）に話した。猛の専攻は西洋哲学であるが、最近は仏教に打ちこんでいる。ところが猛はいとも簡単に「それが禅だ」という。禅とは自分の心を無にして一切のこだわりを捨て、再出発する修行だという。豊田氏はおそらく松島参禅によって、一切の悩みを捨てて無心になられ、その無心から次々に新しいプランが生まれたのであろう。（梅原半二『純の中の不純』）

喜一郎の眼は、すでに戦後に向けられていた。

第7章

喜一郎の不運

【1】不運の連鎖

敗戦二日後の生産再開

昭和十九(一九四四)年十一月二十四日、約七十機のＢ29が初めて東京を空襲した。空襲は名古屋、大阪、神戸など主要都市にも広がった。

その頃、トヨタの各工場では約一万六千六百人もの人々が働いていた。そのなかには動員された学徒二千七百人、女子挺身隊員六百人も入っている。

熟練工は兵役にとられ、慣れていない動員学徒や女子挺身隊員が混じる混乱した工場で、空襲に怯《おび》えながら懸命な生産活動が続けられた。報道は完璧にコントロールされ、外国の情報も正確な戦況も知り得ない一般国民は、本土決戦で日本が勝利することを信じて空腹に耐え、働き続けていたのである。不足がちな資材や部品をかき集めて、それでも十九年中は月産一千台程度生産していた。

昭和二十年三月十日、東京大空襲でトヨタの芝浦工場が焼失した。挙母《ころも》工場も五月になって、軍需大臣の命令で疎開の準備を始めた。近くの山林や原野に半地下工場をつくって重要な製造設備などを分散する計画だったが、建築資材が入手できず、工事は進まなかった。

そんななか、五月に三十一歳で英二《えいじ》が取締役に就任した。喜一郎《きいちろう》はまだ若すぎると反対したが、赤井久義が強力に推して決まった。英二は、トラックを納入する製品部部長になった。

その頃になると、名古屋を空襲するB29が毎日のように飛来し、空襲警報が鳴るたびに従業員が防空壕に避難するので、生産活動などほとんどできない状況となった。

B29は挙母工場を無視して名古屋に向かうのだが、工場の隣に陸軍の演習場があり、当たりもしないのにB29に向かって発砲するので時々、挙母工場の事務所が機銃掃射《きじゅうそうしゃ》を受けて英二も肝を冷やした。八月十四日の午後にはB29が三機やってきて、大きな爆弾を一つずつ落としていった。一発目が近くの松林、二発目が矢作川《やはぎがわ》、三発目が工場に落ちたが、従業員は疎開工場に行っていたり防空壕《ぼうくうごう》に隠れていて無事だった。

翌八月十五日正午、日本はポツダム宣言を受諾した。その日の模様を、英二が自伝（『決断―私の履歴書』）で以下のように記している。

八月十五日は天皇陛下の放送があるというので、正午に事務所に集められた。私の隣には陸軍中尉の監督官がいたが、放送の内容が分からず、私に「陛下はいま何をおっしゃったのだ」と聞いてきたので、「戦争はやめたとおっしゃっている」と教えてやったら、プーとふくれて自室に戻ってしまった。

その日の朝は、従業員がみんな工場の屋根に上がって、前日の被爆で破損したスレートの破片を落としていた。昼の玉音《ぎょくおん》放送は、なかなか末端まで伝わらず、三時ごろまでそんな仕事をやっていた。しかし、夕方には戦争が終わったことが工場全体に広がり、みんな茫然《ぼうぜん》自失《じしつ》となり、復旧工事をやめて帰ってしまった。

英二は言葉をまったく飾らず、ありのままに正確に表現するので、何を見ていたかが鮮明に浮き出す。そして、それが時に巧まざるユーモアを生む。

翌十六日はいろいろ問題が出た。工場では大勢の人が働いていたが、戦争が終わったので家に帰りたいといい出す人が続出した。地元から強制されて来ていた人は、ハナから出社しなかったので問題はなかったが、遠方から来ていた女学生や中学生は寄宿舎に入っており、戦争が終わったとはいえ、団体行動でないと帰れない。

しかも帰る費用もない。たとえ金があっても、国鉄は混乱している。帰る段取りは会社がつけてやらなければならない。みんなの心配は、これからどうなるかという一点に集中していた。

帰る人の世話をしている人は忙しいが、そうでない人は何をやっていいか分からない。会社には習慣みたいに出てくるが、仕事はせずぼんやりしており、米軍が来たらどうなるかなどについて話し合っていた。

昼過ぎに赤井副社長がわれわれ幹部を食堂に集めて演説をやった。赤井さんが言ったことは今でも覚えている。「日本は戦争に負けたが、五年もすれば元に戻る。トヨタが仕事としているトラックは戦争中も必要だったかも知れないが、これから日本を復興する際にも重要な道具である。トヨタはそれをつくって供給する責任がある。だからそのつもりで再出発しよう」という力強いものだった。

この赤井さんの演説で、みんなやる気が出てきた。十五日は爆撃された翌日で生産はせず、十六日は「明日から生産を再開しよう」という確認をした。

十七日からは帰るべき人はどんどん帰っていった。数日後には一万人ぐらいいた従業員が、正規採用の三千人まで減った。人が減ってさびしくなったが、ある意味では助かった。もし一万人がそのまま残っていたら、その人たちを食わしていかなければならない。ところが食糧はそんなにない。人が減り、ストックがあったお陰で、その分だけ食糧集めの苦労が軽減された。

十七日は何台つくったか忘れたが、ヘッドランプが一つしかないとか、ブレーキが後輪しかきかないといった戦時規格はやめ、目玉が二つあり四輪ブレーキのついたまともなトラックを生産した。

敗戦の二日後から生産を再開し、実際にトラックをつくったというのだから驚く。赤井の適切な判断と、彼に対する従業員の信頼がなければこうはいかなかったであろう。

チクワもプレハブも

喜一郎は東京の自宅にいて、次男の達郎《たつろう》と玉音放送を聞いた。この戦争は負けると早くから見通していた喜一郎は、戦争が終わって自由に車づくりのできる日がくることを夢見ていたはずだが、動かなかった。

喜一郎が敗戦後、会社に現れたのは八月の末だった。幹部社員を集めて、二週間ほど考えて練った経営方針を告げた。

それは、できることは何でもやって食い繋ごうという大胆な方針だった。どこが大胆かというと、喜一郎はいきなり英二に瀬戸物づくりを命じたのである。長男の章一郎《しよういちろう》にはチクワづくりを命じた。齋藤尚一には、ドジョウの養殖の事業化について研究を命じた。

もちろん、鋳物《いもの》工場でナベやカマをつくり、電装品をつくっていた工場では電気アイロンや電気コンロなどをつくり、整備工場では自動車の修理などの当たり前のこともやるのだが、いままでやったこともないプレハブ住宅づくりまで始めたのである。

喜一郎は別に頭がおかしくなったわけではない。軍需産業に指定されていた自動車会社には、占領軍は操業も認めなくなるだろうと考えたのである。いずれは認められても、それまでは別の仕事を見つけて従業員とその家族を食べさせなければならない。占領軍でも禁じることのできない仕事をやらなければならない。そこで、衣食住にかかわる仕事なら大丈夫と考えた。衣はもともと紡織業だからいつでもできるが、食や住はいまから直ちに研究せねばならない、となったのである。

章一郎は、実際に稚内《わつかない》の加工業者のところに行き、チクワづくりの修業をして、さらにチクワづくりの機械も考案した。その後は、ユタカプレコン（のちに豊田総建）というプレハブ住宅用のプレキャストコンクリートの会社に入る。

このままいけば、トヨタはドジョウ、チクワの食品から繊維、住宅、家電、そして車まで手がける特異な企業になったかもしれない。

しかし幸いなことに九月二十二日、GHQ（連合国軍総司令部）が民需物資の生産再開を許可し、各社は手持ちの資材および配給の資材で、トラックとバスに限り生産できることになった。

それでもトラックの生産はわずかしかできないので、トヨタはナベ、カマ、農機具、家電製品、ほうろう鉄器などは生産し続けた。戦争が終わって戦地から社員が続々引き揚げてきたので、米軍の車の修理、洗濯屋、瀬戸物屋、印刷業なども続けた。これらのなかで現在も続けているのが、住宅産業のトヨタホームである。

赤井の死で歴史は変わったか

大まかな方針を決めると、喜一郎は経営実務は赤井に、生産現場は英二と齋藤に任せ、東京でもっぱらGHQ対策をしていた。対策には自動車業界を代表しての対策、豊田財閥のオーナーとしての対策、そしてトヨタ自工の社長としての対策といろいろある。

業界代表としては、まず統制撤廃を働きかけなければならなかった。喜一郎は、戦時中につくられた自動車統制会の解散と新たな自動車協議会発足に向けて尽力し、十一月、自動車協議会の会長に選出された。そして、この組織を通してGHQに業界の要望を伝えていく体制を整え、自動車配給制を撤廃すべく運動をしていた神谷正太郎を援護したのである。神谷と喜一郎の働きは、全国の自動車販売会社のオーナーたちから歓迎され、これが戦後のトヨタの販売網確立に大きく影響する。

一方、豊田財閥のオーナーとしては、GHQが財閥をどう扱うか、軍需産業をどう扱うか、その対策が問題であった。GHQは十一月六日、いわゆる財閥解体令「持株会社の解散等に関する覚書」を発令した。財閥解体の目的は、日本の軍国主義の復活を阻止し、財閥が戦争で得た莫大な富を吐き出させて、戦争が儲かる事業でないことを日本人にわからせることと説明し、懲罰的な意図で行なわれることが明らかとなった。

これでは、財閥に指定されるとバラバラにされるだけではなく、残った資産は根こそぎ持って行かれて企業再建は不可能になってしまう。

喜一郎と利三郎《りざぶろう》は十一月二十七日の定時株主総会で、豊田グループ各社の社長や会長の兼任をやめた。喜一郎はトヨタ自工の社長だけ、利三郎は持株会社の豊田産業と豊田自動織機製作所の社長だけとした。さらに、会社の事業目的から「航空機の製造販売」が兵器産業と見られかねないので削除した。そして、グループ各社の社名から豊田の名前を削り、豊田製鋼を愛知製鋼、豊田工機を刈谷工機といった具合に、一目で財閥とわからないようにした。

姑息《こそく》といえば姑息だが、それだけ必死でもあったのだ。結局、豊田財閥は財閥というほど売上げが大きくはなかったし、銀行も持っていなかったので、単独での財閥指定は免《まぬか》れた。が、トヨタ自工は三井財閥傘下の企業として制限会社に指定されてしまったのである。戦時中の増資で、三井本社と東洋綿花の持ち株が合わせて約一四％まで増えていたからだ。そして結局、最後の最後になって豊田産業も解体措置を受ける持株会社と指定され、商事部門だけを残して解体されたのだった。

ただ幸いだったのは、豊田グループの経営者は喜一郎以下、誰も戦争の積極的推進者とはされずに追放されなかったことである。

しかし、トヨタ自工は経営者の追放は免れたが、事故で最も重要な経営者を失ってしまった。赤井久義副社長が十二月十日、交通事故で死亡してしまったのである。その事故の状況は、英二が詳しく記している。

赤井さんは事故が起こる数日前から、刈谷の豊田自動織機に行っていた。事故のあった当日、自動織機へ発注していたクランクがなかなか届かないので、督促するため、私も刈谷に向かった。

織機ではまず、石田退三《いしだたいぞう》さんに会い、遅れている理由を聞いた。自動織機はうちが発注したクランクを、半田（愛知県半田市）の部品会社に発注していた。（中略）半田ではさんざん文句を言って、私は挙母の本社に帰ることにした。その途中で会社の車が止まっている。（中略）実はその車に赤井さんが乗っていたわけだ。赤井さんが乗っていた車がエンコしたところへ、たまたま自動織機のトラックが通りかかり、赤井さんはそのトラックに乗って挙母に帰ったという。

ところが赤井さんを乗せた自動織機のトラックが、本社に行く途中の田んぼに一回転して転がり落ちてしまった。私は事故の直後にそこを通った。

私が事故現場に行った時は、救援に来たトラックの上に二人ほど寝かされていた。（中略）

そこには赤井さんの姿はなかった。たぶん救援部隊が、病院に連れて行ったのだろう。赤井さんのこともむろん心配だったが、その前に事故現場をよく見ておかなければならない。田んぼにはちょうど頭の格好をした跡が残っていた。これで赤井さんは頭をやられたことが分かった。その後、病院に行ったら、赤井さんはすでに死んでいた。

病院にいち早く喜一郎や利三郎も見舞いにきた。ところがニュースが遅れたのか、石田さんだけが遅れてやってきた。利三郎は石田さんの顔をみるなり、「お前が赤井を殺したんだ」とどなる。石田さんはまだ自動織機の車が事故を起こしたことは知らないものだから、びっくりしたらしい。(『決断―私の履歴書』)

なぜ、利三郎が石田に「お前が殺した」と怒鳴ったのか。それは、トヨタ自工のクランクの製造を豊田自動織機の石田が引き受けたのに、織機が売れ始めて本業に専念するため、クランクを孫受けに出してしまった。そのためにクランクの納入が遅れ、赤井が事情調査に行った帰りに事故に遭ったからである。

石田の豊田自動織機は、織機が売れ始めて急速に業績を回復しかけていたのだ。喜一郎が、織機の生産設備を温存させたことが当たったのである。

赤井についてもう少し、英二が書いている。

(赤井の死後)しばらくして喜一郎は、赤井さんの後釜に東大から隈部《くまべ》一雄《かずお》先生を引っ張ってきて副社長に据えた。隈部先生は喜一郎の友人で、学者としては優秀だったが、いかんせん企業経営には慣れていない。

赤井さんが死んだ直後に労働組合法が成立した。私はこの法律をみて、早晩労働組合はできると読んだ。組合の成立が避けられないのなら、よく分かった人が中心になってつくってくれるのが望ましい。こうしたことで会社側も協力して(昭和)二十一年にはトヨタ自動車コロモ労働組合ができた。しかし、不況の影響で組合は年々先鋭化していく。

隈部さんが副社長に就任した前後は、労使関係が微妙な時期にさしかかりつつあった。赤井さんが生きておれば、ビジネスライクにやっただろうが、隈部先生は理想論で対処した。結果は同じことになったかも知れないが、赤井さんが事故に遭わなければ、トヨタの歴史はもっと変わっていたかも知れない。(『決断―私の履歴書』)

赤井が死ななければ、隈部が副社長になることはない。労働組合との対立があそこまで激しくはならない。喜一郎も辞めずに済んだ。銀行から工販分離を迫られることもなかった。石田が社長になることもなかった……。

英二が「トヨタの歴史はもっと変わっていたかも知れない」というのは、多分そういうことだろう。だが、はたしてそうなのだろうか。

根本方針の危うさ

赤井を失った喜一郎は、再び挙母工場で陣頭指揮を始めた。

爆撃で破壊された工場の修理が終わり、疎開工場などに分散していた生産設備の回収も進んだ昭和二十一（一九四六）年四月、喜一郎は「臨時復興局」を社内に設置する。そして自ら局長になり、トヨタ自工の本格的な発展をめざして機械設備審議会を設けた。その委員として、前東大教授の隈部一雄や刈谷工機（旧豊田工機）の社長になっていた菅隆俊《かんたかとし》なども呼び、総合的な復興計画を立案した。復興計画の実施には、製造部長の齋藤尚一が当たった。

復興体制を整えた喜一郎は五月十八日、「自動車工業の現状とトヨタ自動車の進路」を発表した。これは比較的穏やかな総論で、一般社員や販売店などの動揺を鎮めて励ます意図で、小冊子にして配布したものと思われる。

だが、喜一郎はこれより先に、すでに会社再建計画の根本方針を一人で決めていた。それは敗戦後、二カ月ほどして書かれた「会社改革の方針」（『豊田喜一郎文書集成』所収）という手記に明らかである。そのなかの「根本方針」と題した一行目が凄まじい。

「自動車製造の専門工場の一本槍でどこまでも突進し、倒れて後止む」

というのである。何か、喜一郎の人生そのものを暗示するような一文である。もっと専門的な機械を入れ、大量生産の効率を上げ、輸出を目標に世界一流の会社に負けない製品をつくる、といっている。これまでの挙母工場は資金の都合で、専門機械よりもいろいろ応用の利く工作機を入れた。それを改め、最終的に製品別工場をつくり、工場組織も変更するとした。この工場組織の変更が面白い。
①伝票制度は、順次流れ作業方式に改む。
②賃金制度は、順次出来高払いに改む。
③経理方式は、独立経営式となし、各工場は注文方式をとり、伝票制度と相まって一つの形式を作る。かくして順次自由経済組織に持ちゆく。
伝票制度について筆者は詳しくないのでよくわからないが、伝票もジャスト・イン・タイムで、その場その場でモノの流れと一緒に処理するということなのだろうか。「流れ作業方式の伝票制度」というと、かんばん方式も連想させる。

だが、あとは製造設備のことばかりで、とにかく良い自動車をつくりたいということで、資金計画やコスト計算にはまったく触れていない。

昭和二十一年五月三十日の株主総会とその後の役員会で、喜一郎が隈部を常務取締役に起用したのも、良い車をつくりたい一心からだったろう。

社長の喜一郎、常務の隈部、ともに車づくり一辺倒である。販売の神谷正太郎と総務担当の西村小八郎も常務だが、喜一郎の車づくりの情熱にブレーキをかけるのは無理だった。

喜一郎は設備投資だけでなく、技術者の採用も積極的に行なった。航空機の製造が禁じられて、その技術者が行き場を失っていた。優秀な技術者を獲得するチャンスと判断した喜一郎は、まだナベ、カマもつくっている昭和二十一年四月から九月にかけて、なんと二百人もの技術者を採用した。

これはもちろん大英断で、このなかからトヨタを支える人材が出るのだが、このような喜一郎の方針に対し、大株主や資金繰りの面倒を見る帝国銀行（のちに三井銀行）サイドは、バランスを失していると感じたのではないだろうか。

赤字が止まらない

昭和二十二（一九四七）年一月、待望の小型乗用車の試作車が完成した。これは、新たに開発した九百九十五ccのエンジンを搭載した車で四人乗り、最高時速八十七キロ。ワーゲン型の丸っこいかわいらしいボディーの車である。「SA型」と名付けた。そして三月、同じエンジンを搭載した小型トラックを試作した。二人乗り、最大積載量一トン。これは「SB型」と名付けた。

販売店は、待ち望んだ商品が完成したというので、さっそく注文を取りに走った。ところが、いつまで経っても車ができてこない。運転資金に窮し、本格生産に入れなかったのである。

トヨタは事情を販売組合にうち明け、自動車の代金の内金として各代理店一店当たり十万円を先に振り込んでもらえないか、と申し入れた。販売組合は、直ちにこの申し出に応じた。こうして、公募によって「トヨペット」と愛称が決まったSA型小型乗用車と、SB小型トラック「トヨペット・トラック」の生産をなんとか始めることができたのである。

SA型トヨペットは、タガメのようなユニークなスタイルが個性的すぎたのか、あまり売れなかった。新技術として採用した独立懸架《どくりつけんか》や、新機構のフレームが故障しがちだったことも響いた。そして、同じ年に売り出された日産の「ダットサン」に水をあけられた。

これに対し、小型トラックは売れた。昭和二十七年二月までの五年間で、生産台数は一万二千七百九十六台まで達した。だがそれでも、年間で平均二千五百六十台にすぎない。

販売店は、確実に需要のあるハイヤー・タクシー用の乗用車を求めた。そこで昭和二十三年五月、ボディーを従来型の箱形にしたSC型乗用車を発売した。しかし、これも客を乗せるとコイルスプリングの前輪が沈み込み、パンクが続いて不評だった。

トヨタの資金繰りはますます悪化していった。

しかし苦しい経営が続くなか、生産現場では新しい試みが始まっていた。その頃、大野《おおの》耐一《たいいち》は挙母工場の機械工場で、トランスミッションと足回りの担当課長をしていた。かつて英二が担当していた部署である。『トヨタシステムの原点』（下川浩一・藤本隆宏著）のなかで、大野耐一はインタビューに応えて当時のことを語っている。

それによると、挙母工場でも生産現場では工長が仕切っていて、課長や部長は現場をコントロールできていなかった。これはトヨタに限らず、工場のなかではベテラン工員の技術や経験がものをいうので、どうしてもそうなりがちなのである。工員として機械の操作を修得した経験がない学校出の課長や部長は、仕事の中身がわからないからなおさら口が出せない。

大野は豊田紡織でやったように、作業をわかりやすくマニュアル化し、標準化することから工長の支配する現場に切り込んだ。つまり、ベテラン工員のコツやカンによる機械操作を数字や文章に置き換えて明らかにし、補助道具をつくって誰でも同じように機械の操作ができるようにしていったのである。しかも、作業者がマニュアルどおりやっているかどうか、誰でも見ればわかるように、ラインのレイアウトや表示を工夫していった。トヨタ生産方式では重要な原則の一つといわれる「目で見る管理」を、この頃から始めたのだ。

喜一郎は、「三年でアメリカに追いつけ」と英二をはじめ工場の幹部たちに目標を与えていた。大野は三、四人で操作していた工作機械を一人でできるようにして、当時の生産性を三、四倍に上げていった。

このように、生産性が向上している部分もあったのだが、いくら効率的に車をつくっても、戦後のインフレで資材が日に日に値上がりし、トヨタは追い詰められていった。

自動車は公定価格があって、これを改訂するのに時間がかかり、簡単に値上げできない。一方、資材や人件費はどんどん上がる。車を売っても資材が買えない、賃金も払えない。借入金の額は、車をつくればつくるほど膨れ上がる状況となったのである。

そのトヨタにとどめを刺したのが、昭和二十四年四月に実施された「ドッジライン」による金融引き締め、具体的には復興金融公庫による融資活動の制限である。トヨタは、復興金融公庫からの莫大な借入金で凌いでいた。それが、ドッジラインで資金調達の道が断たれたのだ。

トヨタは、生産した車をとにかく売るために月賦《げっぷ》販売を推進した。ドッジラインで金詰まりとなった客が月賦販売に飛びついた。しかし、車は売れたはいいが、今度は代金の回収が難しくなった。トヨタと同じように、どこも金詰まりなのだ。そのため、いっそう苦しくなったのである。

喜一郎は売掛金の回収のため、全国の販売店を回った。銀行にもくまなく回った。しかし、金融機関は手形の割引に応じてくれなかった。昭和二十四年四月、ついに給料の遅配が生じた。先鋭化していたトヨタ自動車コロモ労働組合は四月二十九日、ついに初のストライキを打った。

喜一郎に絶体絶命のピンチが迫っていた。

【2】喜一郎の首

一行では救えない、潰すには大きすぎる

組合とは昭和二十一（一九四六）年四月以来、経営協議会を続けてきた。トヨタの家族主義的経営の伝統もあり、経営が苦しくても、ドッジラインが始まるまでは労使がそれほど激しく対立することはなかった。

しかし、昭和二十四年の夏頃から給料の遅配が常態化し、十月には同業のいすゞが一千二百七十一人の人員整理を発表、日産も一千八百二十六人もの人員整理を発表したことで、組合側は警戒を強めた。

そして十一月、また三千四百六十五万五千円の営業赤字が出た。さらに次の十二月には、二億円近い赤字が予想された。会社側もここにいたって、十二月二十三日の経営協議会では従業員の賃金一割引き下げを提案した。組合側は、人員整理は行なわないという条件を

つけてこの提案を呑み、会社側と覚書を交わした。隈部がこの覚書に社印を押し、労使一体となって難局を乗り切ることになった。

しかし、賃金の一割カットくらいでは倒産の危機は免《まぬか》れない。二億円のカネがなければ年末の決済ができず、不渡りが出て倒産という危機的状況なのだ。

本来ならば、ドッジラインで急激な金融引き締め政策が始まった春に厳しく生産計画を見直して、売れるだけの生産台数に絞り、余剰人員の配置転換・整理に踏み切るべきだった。ストライキにはなったかもしれないが、売れない車をつくって無理やり月賦で販売し、代金が回収できなくなるよりはましである。

この頃、喜一郎は高血圧が進行していて、車の後部座席では脳溢血《のういっけつ》になったときに運転手が気づかないと手遅れになるからと、わざわざ助手席に乗っていたという。

そんな体を押して、喜一郎は金策に走り回った。しかし、金融機関はどこもトヨタを救うために腰を上げようとはしなかった。喜一郎、隈部のコンビの経営手腕に対する不安が金融機関を躊躇《ちゅうちょ》させていたのである。

しかし金融機関は、いち早く債権回収に走ることもしなかった。一行ではとても救えない。かといって潰すには大きすぎたのだ。

この危機を救ったのが、日本銀行名古屋支店長の高梨壮夫《たかなしたけお》であった。トヨタから各銀行へ協調融資の斡旋《あっせん》を申し込まれた高梨は、トヨタが倒産した場合の中京地区での影響を調べさせ、三百社もの企業が連鎖倒産する危険性があることを知り、協調融資斡旋を決断した。トヨタの倒産が恐慌の引き金になりかねない、と判断したのだ。

高梨は独断で、名古屋にある二十五の銀行の支店長を集めさせ、喜一郎も呼んで協調融資の斡旋をした。喜一郎は深々と頭を下げたが、各支店長の視線は冷たかった。しかし、トヨタ倒産による影響がどれほどの混乱をもたらすか、彼らもそれはよくわかっていた。

支店長たちは日銀の斡旋《あっせん》という担保を得て、年明けにトヨタが「抜本的な再建計画を立案すること」を条件に、決済資金の融資に応じた。だが日銀の斡旋にもかかわらず、この二十五行の協調融資から手を引いた銀行が一行だけあった。『トヨタ自動車30年史』は、高梨日銀支店長の英断を讃えるとともに、このときの協調融資に応じた二十四行のリストを掲載しているが、住友銀行の名前は見つからない。

ともかく年末ギリギリの二十四日、決済資金一億八千八百二十万円の融資が下りて、トヨタは年を越すことができた。しかし融資された金は即座に支払いに引き落とされて、すぐになくなってしまった。

再建案は販社分離の奇策

銀行融資団が融資の条件として突きつけた「抜本的再建策」として、人員整理を要求してくるのは明らかだった。だがすでに、一割の賃金カットと引き換えに人員整理は行なわないとの覚書を、組合と交わしていた。喜一郎と隈部に「抜本的再建策」の新たなアイデアはなく、銀行団が出してくる「再建策」を待つしかなかった。

再建策は年明け早々、日銀名古屋支店長の高梨を中心にまとめられた。懸念された人員整理はもちろん入っていた。が、再建策の柱は人員整理ではなく、販売会社の分離独立という一石二鳥の驚くべき妙手だった。以下がその骨子である。

一、販売会社を分離独立させること。

二、当面、販売会社が売れる台数だけ製造すること。

三、過剰人員は必ず整理すること。

四、企業再建資金の所要額は四億円とする。

一の「販売会社を分離独立させる」ということは、自動車専用の販売金融会社をつくるということである。日銀はこの販社の手形を割引適格手形とし、銀行による割引を可能にして資金が流れるようにする。狙いは、融資資金の使途を明確にし、回収のあてのある範囲に限定することであった。

これまでは、トヨタ本体が借り入れをして売掛代金の回収の遅れを埋めていたが、それだと本当に代金回収までの繋ぎとして使われているのか、過大な設備投資や試作車づくりに使われているのかわからない。銀行団は、その点に不信感を抱いていたわけだ。

二の狙いは、車のつくりすぎを牽制《けんせい》することである。これは、販売会社が製造した車を一括して買い上げる形を取るが、見方によっては販売が製造の首根っこを押さえてしまうことを意味する。

まさに一石二鳥の販社の分離独立案だが、名古屋に着任して間もない高梨がこんな名案をいきなり考えつくはずがなかった。これは神谷正太郎の案でもある。神谷自身、のちにそのことを暗に認めている。

「私は銀行団との折衝《せっしょう》にあたって、かなり主体的に発言し、行動することができた。販売会社設立の動機が、直接的にはトヨタ自工再建策の一環として金融機関からなされた提案であったにもかかわらず、トヨタの主体性が発露されているといわれるゆえんでもある」

（『創造限りなく——トヨタ自動車50年史』／傍点引用者）

「主体性」といっても、これは神谷の主体性であって、喜一郎や隈部が望んだとは思えない。神谷が「主体的に発言し、行動」したのだろう。

トヨタ側には、この再建案を拒否する権利はなかった。

足枷となった覚書

昭和二十五（一九五〇）年二月五日、喜一郎はすぐれない体調を押して二年ぶりに経営協議会に出席した。労組の代表に、販売会社の分離独立について自ら説明するためである。

喜一郎は率直に事実を説明した。

「製造業者の立場として生産し出荷したものが、ただちに現金化しなければ経営が困難となる。それには金融の背景が絶対必要である。統制の余波が残っている間は、その切実さも感ぜられずに過ごして来たが、最近の金融難とともに（金融の背景のない）この欠陥が現われ、大量に出荷しつつも事業経営に苦しむ状態に陥った。これを打開するのは月賦資金の確保以外にない。しかるに製造業者であるわれわれが月賦資金の融資を交渉しても、金融機関は使途を危惧して交渉が成立しない。おりから日銀よりの話もあり、販売と金融を合体した機関をつくれば一〇億円くらいの融資のつく了解もほぼついたので、会社として販売会社を設立することに決定した」（『トヨタ自動車30年史』所収「第百十八回経営協議会議事録」）

喜一郎は「一〇億円くらいの融資がつく」といっているが、銀行団が公式に出すといっているのは四億円なので食い違いがある。しかし実質赤字は十億円を越えていたので、すでにそのあたりまで銀行団とは話が進んでいたのだろう。

新販売会社の概要は資本金八千万円、社長は神谷正太郎、名称はトヨタ自動車販売株式会社（トヨタ自販）。まったくの別法人で、本店は名古屋市。従業員の賃金はトヨタ自工と同一。形式は別会社であるが内容は完全な共存共栄体とする、と発表された。

組合側は「中間搾取機関となるのではないか。販社が外車と結びつかないか」などの理由を挙げて反対したが、神谷が次のように応えて説得した。

「私どもとしては、新しい借入金をもって月賦販売制度を確立し、自動車工業の進展に寄与することを目標として邁進《まいしん》する決意である。当社創業当時のことを思い出していただければ、今さらトヨタ自動車を捨てて外車と結びつくことは考えられぬ。（中略）分離により当社が不利益を被《こうむ》るのであれば、取りやめたほうがよいと考えているほどだ」（『創造限りなく──トヨタ自動車50年史』）

組合側は、自販に対してもこれまでどおり単一組合組織で臨むこと、トヨタ自工との労働契約と同じ契約を結ぶことなどを条件に、再建案に賛成した。

これで再建案は一つ目の山を越えた。しかし、トヨタの資金繰りは好転しない。これだけでは銀行団が融資しなかったからである。そして、一月の給料から早くも遅配した。

会社側は経営協議会の議長を、隈部から大野修司に代えた。神谷が自販に転出するのに伴い、大野（修）を常務に昇進させたからである。

組合側も、執行委員がガラリと代わった。労使とも新体制になった経営協議会では、賃金支払いについて激しい応酬を繰り返すようになった。そのうち、銀行団が融資しないのは人員整理を待っているからだ、という噂が流れた。年初に銀行団が示した人員整理を含む再建案を呑んでいるのだからそれは真実なのだが、会社側は二月がすぎ、三月がすぎても人員整理案を出すことを先送りしていた。前年末に労組と交わした「絶対に人員整理は行なわない」という覚書があったからである。

この覚書をめぐって、トヨタの役員の間でも意見が分かれた。覚書を締結した当事者の隈部は、人員整理に最後まで反対した。喜一郎は、自分が無理やり東大を辞めさせて引っ張り込んだ隈部を抑えきることができなかった。

最悪の事態

三月末、期末決済のための融資を銀行団に依頼し、四億円が融資された。しかし、これも手形の決済ですぐになくなり、従業員への給料分は残らなかった。従業員の苛立ちは募った。そこへ、トヨタグループから分離独立したばかりの日本電装が四百七十三人の人員整理案を発表し、日本電装の労組はストライキに入った。

トヨタ自工でももはや人員整理は避けられない、会社側は解雇者のリストづくりに入ったなどという噂が出回り、挙母町は騒然となった。

四月に入ると、労組は会社側が人員整理に踏み切ることは必然と見て、闘争態勢に入った。経営協議会は中断となり、四月十一日から団体交渉となる。

喜一郎たちが一千六百人の希望退職者の募集を組合側に提示したのは、それからさらに七回の団体交渉を経た四月二十二日だった。あとから考えると、なぜそれほど意思決定が遅れたのか理解に苦しむが、トヨタのように従業員の大部分が挙母工場の周辺に住む単一企業の町で解雇と雇用を分けるのは、想像を超えた苦しみが伴うからであろうか。

喜一郎が人員整理を切り出したときの言葉は、「団体交渉議事録」(『創造限りなく――トヨタ自動車50年史』所収)によれば以下の如くである。

「結局私は安易であった。何とかいい打開策はないかと考えたが、私自身健康もすぐれず、思うにまかせなかった。この荒波を何とか乗り切りたいが、それには、ここを解散するか、または一部の方にトヨタ丸からおりていただくか、道は二つに一つしかない。まことに申し訳ない。ここに至り涙なきをえない。

解散することは、他の多くの関連企業のことを思えば簡単にはいかぬ。ここに至ったのはわれわれ重役の責任であるが、大きな外部的力のあったことも承知されたい。

ぜひともご協力を願いたい。諸君の公正なる判断を待ちたい」

続いて、取締役副社長の隈部一雄も次のように述べた。

「私は過去四年間、トヨタの伝統の良きを取り、悪しきを捨てて、組合員諸君とは密接な関係のもとに業務を行ってきた。トヨタ創業以来の美風である会社・組合一体の精神を守り続けてきた。人員整理をできるだけ避けたいということは、私の最高道徳律であった。覚書について、十分その責任を感じているが、組合もこれをおわかりくださるとの望みは捨てていない。十二月における私および経営担当者の予測は甘かったと告白せざるをえないが、いかに頑張っても政治経済の潮流には抗しきれるものではない。

今が会社再建の時期である。否、多少その時期を失っている感すらある。私も希望退職を募らねば他に策はないという心境になっている。組合の協力を願いたい」

この二人の言葉からすると、喜一郎は会社解散か人員整理か道は二つに一つ、と明確な認識を表明している。一方、隈部は自分の「最高道徳律」を語ったり、「今が会社再建の時である。否、多少時期を失っている感すらある」と、やや他人事《ひとごと》である。

赤井の突然の死去で、こんな時期に不慣れな経営責任者のポジションに就くことになったことは、隈部にとっても不運なことである。

会社を代表して大野（修）が示した会社再建案は、毎月四千百万円の赤字を解消するために、七千九百人の従業員のうちから一千六百人の希望退職者を募る。残った従業員にも一〇％の賃金カットを行なう。併せて材料費の値下げ、経費節減を行ない、黒字化するとした。

組合側は、この人員整理案に当然反発した。希望退職者の退職金はどうなるのか。希望退職者が一千六百人に達しなかったら指名解雇となるのか。そのあたりも合わせて発表しなければ、対応のしようがない。

年末に交わした覚書についてもどう処置をするのか、曖昧《あいまい》である。これを会社側の都合で破棄するというなら当然、それに見合うペナルティが必要である。

明確な答えが得られないために組合側は疑心暗鬼《ぎしんあんき》にとらわれ、四月十一日、一日ストライキを敢行した。

一方、会社側ももはや時間がなかった。従業員の理解を得るために「従業員各位」と題したチラシを配り、さらに会社に残ってもらいたい社員には個別に協力要請状をこっそり配った。

これは、指名解雇をも視野に入れて組合の切り崩しを始めたということである。こういう形で会社側が覚書を破ったことで、いままで穏健だった労組が一気に燃え上がってしまった。労働協約違反だとして四月二十四日、裁判所に労働協約確認の仮処分申請をする一方で、全面ストライキに突入した。

最悪の事態である。

喜一郎の首

組合側は連日のように、デモ、抗議集会を行なった。

会社が潰れかかっているときにストを打つのは自分のクビを絞めるだけで無意味だと思うが、当時は「クビ切り即スト」というのが、共産党などが指導する闘争の定石《じょうせき》であった。各工場では上部団体の闘争方針に従って、職場集会と称して部長や工場長などに対する〝つるし上げ〟が行なわれた。英二も、挙母工場の広場いっぱいに組合員が集結したなかで台の上にあげられ、つるし上げを食った。

これは、身近な管理者に対して憎しみを煽り、抜きがたい感情レベルの対立を植え付け、その感情を核にして企業内にイデオロギーに凝り固まった組織を浸透させる常套手段《じょうとうしゅだん》である。一種の洗脳の儀式で、生産現場はめちゃめちゃになって人間性も破壊されるが、党組織は残る。

それを狙って挙母工場にも支援の活動家が押し寄せ、赤旗がはためき、ビラが張りめぐらされ、インターナショナルの歌声が溢れた。

ストライキが始まると、喜一郎の足は挙母から遠のいた。隈部も組合員に捕まっては怒鳴られ、もはや当事者能力を失っていた。若手の幹部社員たちが結束して、組合切り崩しに体を張って奔走《ほんそう》を始めた。

トヨタの経営陣は、五月になっても苦悩していた。とくに解雇者は出さないと約束した「覚書」をめぐって、経営陣の間でもなかなか意見がまとまらなかった。

五月九日の夜、経営陣は「覚書」違反に対する労組側の仮処分申請への対策をたてるために協議を開いた。その席で、労働協約を検討していた弁護士が突然、声を張り上げた。

「あ、みなさん。いいことに気づきました。見て下さい。この覚書にはゴム判の社長印と社印が押してあるだけで社長の署名がありません。この協約は無効です。この争議は会社の勝ちです」

当時の労働組合法では、労働協約は労使双方が署名捺印《なついん》して初めて効力が生じるとされていた。喜一郎は体調を崩して労組との経営会議に出席していなかったので、署名がなかったのだ。これを発見した弁護士は小躍りし、居合わせた会社幹部も一様に愁眉《しゅうび》を開いた。

しかしこのとき、取締役の豊田英二は静かに口を開いた。

「けれども会社はこの協約を結ぶとき、その文面どおり実行するつもりでゴム印を押したはずだ。法律はどうあれ、われわれはいったん結んだ協約の実質は尊重しなければならない。署名云々《うんぬん》という一片の理屈であの協約は無効だというようなことは、いかに争議に勝つか負けるかの重大な瀬戸際であろうとも、わが社の組合員、従業員を裏切り、欺瞞《ぎまん》する以外の何ものでもない。そんなことをしたら、仮にこの争議に勝ったとしても、必ず従業員の会社への信頼感をなくし、禍《わざわい》を将来に残すに決っている。もしも組合から、会社は最初からわれわれをペテンにかけるつもりで印を押したのかといわれたら何と答えるのか。そういう考えには私は絶対反対だ」

事務本部前で開かれた職場大会

以上のエピソードは、英二の賢明な判断を示したシーンとして『創造限りなく―トヨタ自動車50年史』に書かれている。たしかに、英二の発言は立派である。だが労使の対立は、もはやそのような良識では解決がつかない状況になっていて、実際には弁護士の作戦どおり裁判で争い、会社側が覚書は無効という判決を勝ち取ったのだった。

トヨタ争議は会社側と労組側の力ずくの組合員の

奪い合いとなり、従業員同士、自分が解雇される側なのか残れる側なのか疑心暗鬼が生まれ、やがて会社側の第二組合結成の動きも出始めた。

だが、争議が長引けばそれだけ破滅に近づく。銀行団は、ストライキをしている限り融資はしないと通告した。

一方、トヨタの販売代理店も、ストで自動車の出荷を止められ、売る商品が入ってこないために危機に陥っていた。トヨタ自動車販売店協会の幹部たちは五月の中頃、協会としての対策を考えるために役員会を名古屋で開いた。喜一郎、隈部以下、トヨタの役員も出席した。その席で、一番若い役員の小野彦之丞《おのひこのじょう》青森トヨタ社長が口火を切った。

「いつになったら車を出荷してもらえるのか。トヨタの役員は誰も責任を取らず、何カ月も何をしている……」

小野が役員批判を始めると、喜一郎の顔がみるみる歪《ゆが》み、事態は思わぬ方向に急転した。黙って聞いていた喜一郎がパッと立ち上がって、こう言ったのである。

「みんな私が悪うございました。ここで皆さんにお詫び申し上げます。私がすべての責任をとって辞職いたします。これで今日の会議はおしまいです。私は辞表を出します。今日で会社と縁を切ります」

そう言うと、そのまま退席してしまったのだ。喜一郎はその後、五日間も行方が知れなくなった。

このエピソードは、小野彦之丞が自動車雑誌『Ｍｏｂｉ21』（ｖｏｌ・２）のインタビューで、五十年ぶりに明かした喜一郎辞任の真相である。

それによると、販売店協会の幹部たちの狙いは、トヨタ争議打開のためにこれまで労組との協議の中心にいた隈部副社長の責任を追及して辞任させ、喜一郎を事態収拾の先頭に立たせることだった。そして役員のなかで一番若く、しかも戦前からトヨタ一本でやってきた小野なら喜一郎からも信頼されているから、君から追及の口火を切ってくれと説得されたというのだ。

小野は、このことを五十年も黙っていた。だが、このときの販売店協会役員会でトヨタの経営陣が突き上げられたという話は、他の著書にも書かれている。喜一郎が「自分の責任です」と謝ったことも書かれている。では、何が秘密なのか。

それは、突発的に起きた「突き上げ」ではなく、販売店協会の幹部たちが周到に準備した「追及劇だった」ことが秘密だったのだ。

喜一郎は、古くからの付き合いでよく知っている小野が経営陣の追及を始めたことで、直ちにこれは責任追及の集会だと悟ったのだろう。その矛先《ほこさき》が隈部、あるいはトヨタの役員全体に向かっていても自分に向けられたものであることは明白だ。

喜一郎は気がついたら、「辞める」と口走っていた。覚悟のうえの辞意表明なら、逃げだすような帰り方はしない。その後、五日間も消息を絶ったりはしない。

いきなりの辞意表明、それもやや異常な形だったので、販売店協会の役員たちは箝口令《かんこうれい》を敷いた。それでなくても、喜一郎を深く傷つけたことがわかったので、誰も口にする気になれなかっただろう。

石田退三は男でござる

喜一郎が心の整理をつけたのは五月末である。自分が辞めるしかないというのはかなり前から考えていたはずであるが、口に出して言ってかえって決心がついた。

しかし、辞任するとなると後任を決めておかねばならない。後任を銀行から送り込まれる人物にするのは何としても避けたかった。それでは、父親・佐吉が踏んだ轍《てつ》を自分も踏むことになる。

喜一郎は利三郎と連絡を取り、五月末のある日、いまや佐吉以来の番頭で最長老となった岡本藤次郎、豊田自動織機を預かる石田退三、そして英二の三人を名古屋市白壁町《しらかべちょう》の利三郎宅に集めた。

石田が到着したとき、すでに他の四人は集まっていた。そのときの様子を、石田が巧みに語っている。

果たして、問題はトヨタ自動車の非常事態収拾策で、遅ればせにわたくしが顔を出すまでに、既にその結論が出されていたようだった。わたくしが設けの席に着くなり、社長の喜一郎さんがいきなり呼びかけた。その口調が平素とはだいぶ違って、妙に改まっていたのを覚えている。

わたくしは思わずドキリとした。こりゃあ、どういうことになったのかな、と一瞬すこぶるいぶかった。

「石田さん、はなはだ申しかねるのだが、あなたに自動車をやっていただくことになりました。われわれ首脳陣は総辞職いたします。会長もやめ、社長もやめ、副社長もやめ、そのほかの重役についてもいちおう辞表を取りまとめます。すべては株主総会で決定されることでしょうが、あなたが次の社長を引き受けて、瀕死のトヨタを再建していただきたい。みんなでいろいろ協議を重ねたが、あなたよりほかに、その人がいない。ご苦労ですがどうかよろしくお願いします」

話の内容はこれだけのものであったが、これをいう喜一郎さんの顔は苦渋《くじゅう》にゆがんでいた。他の人びとからもことば少なに同様な口添えはあったが、その場の空気はまったく異常で、みな黙しがちにある一点をそれぞれ視《み》つめているだけだった。わたくしを呼び出した利三郎さんのごときは、初めからしまいまでほとんど一言も口をきかなかった。

(中略)

わたくしは、一応にも、二応にも、そんなむちゃをいわれては困ると断わった。(中略)わたくしが極力辞退の陳弁を続けていると、このとき、利三郎さんが初めて口をきった。

「もうそれだけの余裕がないんだよ。それに、豊田には豊田の伝統精神もあり、面子《メンツ》もある。いくら自動車が苦況にたったとはいえ、オイソレと豊田以外の人には投げ出せない。ありがたくない仕事でいやだろうが、どうでもキミ以外にやってもらう人がない。どうか頼む、キミが引き受けてくれ。ここに集まったみんなもすべて同じ意見だ」

こうなれば、わたくしとしてももはや言うことばがない。石田退三は男でござる――それにいやおうもいえない豊田の番頭でもある。七分、三分のかね合いであった辞退の肚《はら》も、諾否《だくひ》の五分々々を越えて、「ようし、それならいっちょうやってみよう」とばかり、清水《きよみず》の舞台をいっきょに飛びおりた。

「そうですか、それでは引き受けさせてもらいましょう」

わたくしがうわずった声でこう答えると、一同の顔にもようやく安堵の色が浮かび、

「いよいよ、これで決まった」
と、異口同音《いくどうおん》した。（『商魂八十年』）

石田は、表面的には何から何まで喜一郎とは正反対である。利三郎からは時に遠ざけられ、喜一郎とも親しく話すことはほとんどなかった。石田自身が親愛の情をもったのは佐吉であり、恩義を感じていたのは児玉一造《こだまいちぞう》である。豊田財閥のなかでは、戦前まではある意味で除け者《の もの》的存在であった。その石田に、喜一郎も利三郎も、豊田の一員としてあとを託した。

なぜ石田なのか。

石田の幸運、喜一郎の不運

喜一郎辞任の発表は昭和二十五（一九五〇）年六月五日であった。副社長の隈部一雄、常務の西村小八郎も一緒に退任した。

このタイミングは、争議終息へ向けて絶好だった。ストライキ、団体交渉で燃え上がった組合員たちも争議が二カ月に及び、いつまで経っても給料はもらえず、ボルテージが下がってきていた。

会社側からの働きかけで雇用が確保されているとわかった組合員は、そろそろ終わりにしたいと考える。一方、解雇リストに載っているとわかった組合員は、解雇されるよりは希望退職のほうがまだ有利であると考え始める。次第に孤立感を深めていた組合執行部としても、創業者の辞任で矛《ほこ》を収める理由ができた。

喜一郎辞任のショックで、会社と組合の対立、また従業員同士の反目も憑《つ》き物が落ちたように消えた。六月五日には希望退職者が九百人に達し、二日後の七日には雪崩《なだれ》を打って一千七百六十人に達した。

同年六月十日、二カ月に及んだ争議は終結した。待っていた銀行融資団は十四日、トヨタ自販に融資を開始し、東海銀行信託部長の永井英を常務取締役として送り込んだ。

こうして、トヨタは倒産の危機を免れた。

石田は、七月十八日の株主総会で正式に社長に就任した。豊田自動織機製作所社長との兼任である。

専務取締役には、帝国銀行大阪事務所長であった中川不器男《なかがわふきお》が就任した。常務取締役が大野修司、豊田英二、齋藤尚一、取締役が近藤直、梅原半二、監査役が斎藤慶之助と山中清一である。

豊田英二はナンバー4だが製造部門のトップで、以後は石田、英二ラインで経営が行なわれることになった。新役員の選任が終わったあと、石田は株主総会で次のように挨拶した。

「後任に選ばれました不肖《ふしょう》石田退三、乏しきを以《も》って粉骨砕身、会社の業績好転に努め、関係各位のご期待に添いたいと念願いたします。さて、そのご期待に添い得ましたあかつきには、再び、会社の生みの親であり、育ての親であった豊田喜一郎氏を改めて社長にお迎えいたしたき所存で、特にこの段、前もってみなさんにもご承認おき願いたいと存じます」(『商魂八十年』)

石田は、自分がなぜ後任に選ばれたのかよくわかっていた。それが、この挨拶である。トヨタ自工は誰が何といっても、喜一郎の会社である。鋳物工場の一作業員から大野や近藤のような役員、さらに車を販売する販社の経営者まで、喜一郎が退任してもみな喜一郎の会社だと思っている。

石田が後任に選ばれたのは、経営を預かっていた豊田自動織機製作所の業績がすこぶるよかったからだ。これは喜一郎が早くから予想していたとおり、戦後いち早く繊維産業が復興したからである。織機がガチャンというたびに万という金が手に入るといわれるほど、繊維産業は儲かった。それで「ガチャ万景気」といわれた。おかげで織機も売れた。

ただし、それだけなら石田に白羽の矢は立たなかったかもしれない。

石田はトヨタ自工よりも早く、昭和二十二年春から始まった豊田自動織機での激しい労働争議を持ち前の機転と度胸で乗り切っていた。この争議には、日本共産党書記長で当時の大スターであった徳田球一《とくだきゅういち》も乗り込んできた。刈谷工場で演説し、内容は賃上げ闘争なのだが、大争議に発展した。が、石田は組合員の心理を読んで巧みに懐柔《かいじゅう》し、また体を張るところは体を張って激する組合員を自ら説得して切り抜け、高収益をあげていたのだ。

この手腕を、銀行融資団が高く評価した。喜一郎は、自分が自動車産業に進出するのに最後まで反対していた石田を後任にするのは面白くなかったに違いない。しかし、自分が育てたトヨタ自工の技術者では銀行融資団が納得しない。石田の社長就任には、銀行融資団と豊田家サイドがぎりぎり折り合う妥協の人事という一面がある。

石田がダメなら、銀行融資団は即座に外部から社長を送り込もうとするだろう。逆に石田が銀行融資団の言いなりになるようなら、豊田家およびトヨタ自工のプロパーからは裏切り者と呼ばれることになる。しかも、自動車産業の業績がすぐに好転するとはとても考えられない経済環境である。どう転んでも、いい目は出そうもない。「石田退三、男でござる」とミエの一つも切らないと、引き受ける気になれない厄介な役どころだ。

だが、石田はついていた。石田のトヨタ自工社長就任が決まり、トヨタ争議が終息した直後の六月二十五日、朝鮮戦争が始まり、突如、トヨタに厖大《ぼうだい》な注文が舞い込むのである。

七月十日にトヨタ自工、日産自動車、いすゞの三社が揃って国連軍からの軍用トラック発注の内示を受けている。喜一郎が辞任をあとひと月遅らせていれば……。

新しい経営陣。前列右から齋藤尚一、大野修司、石田退三、中川不器男、斎藤慶之助、後列右から山中清一、梅原半二、近藤直。円内は豊田英二。

実は、喜一郎ほど先の読める経営者が、昭和二十五年末に金融に行き詰まって銀行団から再建案を突きつけられたのに、なぜ半年も無策のまま放置し、泥沼のスト騒動に突入してしまったのか、疑問があった。

喜一郎は決して無策のまま手を拱《こまね》いていたのではなかった。フォードとの提携に望みを託していたのである。

フォードとの提携話は、大東亜戦争の起こる前の昭和十四（一九三九）年十二月に、一度、仮調印までいっている。日本での操業が不可能になった日本フォードの工場をトヨタと日産で引き受け、三社で合弁企業を設立して、フォードから部品の供給を受けて自動車を組み立てる案だ。が、これは日米関係悪化で立ち消えとなった。

戦後、喜一郎は再びフォードやGMが日本に進出してくることを危惧し、それならいち早く提携して技術を習得しようと考えた。

フォードは交渉のテーブルに乗ってきた。喜一郎はすぐにでも提携交渉を進めたかったのだが、占領下にあって日本人が海外に出かけるのはきわめて難しかった。

神谷に渡米の許可が下りたのは昭和二十五年六月二十三日、喜一郎が社長を辞めると発表してから十八日が経ち、朝鮮戦争が起こる二日前だった。社長をやめた喜一郎は、トヨタ自工の関係者とはあまり会わないようにしていたが、神谷の渡米には羽田空港まで見送りに行った。

だが、神谷が出発した直後に朝鮮戦争が始まり、米政府が重要技術者の海外派遣を禁じたため、フォードとの技術提携は流れてしまった。しかしフォードは研修は許可したので七月十一日、今度は英二が渡米した。フォードとの交渉のなくなった神谷は、許された三カ月間の滞在の残りを、米国の自動車販売システムや消費者金融の調査などに費やした。英二は一カ月半、フォードで研修し、もう一カ月半は米国各地の機械メーカーを調査して歩いた。そして許された滞在期間がすぎる頃、今度は齋藤尚一がフォード研修にやって来て交代した。

いずれにしろ、スト終結後の新経営陣による自工の再出発、自販は独立という最も大変なときに彼らが渡米したということは、前々からフォードとの交渉が進んでいて、この時期に渡米の許可が下りて出かけたということである。

この神谷や英二の渡米が三月頃で、もしフォードとの提携が決まっていれば、銀行団の方針が変わり、人員整理をしなくても済み、ストにも突入せず、喜一郎も辞任せず、朝鮮戦争の特需で救われたかもしれない。だが、歴史の歯車はわずかな差で、喜一郎の未来を閉じた。

喜一郎、復帰目前に死す

朝鮮特需については特需ブーム、特需景気という言葉は知っていたが、実際にどのくらいの影響力をもったのかは具体的には知らなかった。これが凄まじいのである。

昭和二十五（一九五〇）年七月三十一日、第一次朝鮮特需、一千台受注。この受注金額が五億円を超えた。石田の正式社長就任のときに飛び込んできたのである。

八月二十九日、第三次朝鮮特需、二千三百二十九台受注。総計十五億円である。これだけで、トヨタが苦しみ抜いた累積赤字が解消してしまう。

石田はこのチャンスに目一杯稼ごうとフル操業、毎日二時間の残業を命じ、自分は単身上京した。自販から英語に堪能な社員を調達し、国連軍、米軍、警察などを営業して回った。営業は本来、トヨタ自販の担当だが、トヨタ自工の社長自《みずか》ら六十二歳の老骨に鞭打《むちう》って、朝から営業をされては誰も文句を言えなかっただろう。

各地の米軍基地やできたばかりの警察予備隊、消防庁に各県警と、営業するところはいくらでもあった。石田は東京・神田の安宿を根城に、刈谷から担いできた米を毎朝自炊して、営業に精を出した。その甲斐があって、トヨタは特需の受注では日産、いすゞを抜いてトップだった。昭和二十五年十月から二十六年三月までの三月期決算で、トヨタは二億四千九百三十万円の純利益を上げ、戦後初めての配当をする。

石田は、経営判断も際立っていた。これだけのフル操業をしながら、人手は残業と配置転換でやりくりし、新規採用を増やさなかった。その代わり、設備投資に思い切って金をつぎ込んだ。アメリカ視察から帰った英二に設備近代化五カ年計画を策定させ、昭和二十六年二月にそれができると、さっそく月産三千台を目標に設備投資を始めたのである。銀行から派遣された専務の中川が渋るのを押し切り、英二と齋藤尚一に存分に設備投資をやらせた。さらに儲けが出ているときこそ、と同じ年の五月、資本金を倍に増額して資金を調達する。

石田は若い頃、佐吉から「やい、石田。お前は商売人だろう。商売人なら金を稼げ。金を稼いで、お国のためにわしら発明家を助けろ」といわれたのを思い出していたのかもしれない。

昭和26（1951）年末頃の喜一郎

翌昭和二十七年一月、石田は社長就任時の株主総会で宣言したとおり、喜一郎に社長復帰を要請した。社長を辞めたあとの喜一郎は東京・虎ノ門に一室を借りて、技術秘書の倉田四三郎と二人で、ヘリコプターや小型エンジンの研究に没頭していた。倉田に小型空冷エンジンの設計図を書かせ、新川工業（現アイシン精機）に部品を発注して実際にエンジンを組み立てたりしていた。当時、設計したヘリコプターの動力部分の設計図が残っている。

喜一郎の発明家としてのエネルギーはまだまだ衰えていなかった。好きな研究をやっていて、高血圧も小康状態を保っていた。

石田の復帰要請に対し、喜一郎は最初は断った。が、そのあたりは石田も読んでいて、三月中旬、改めて東京赤坂の喜一郎宅を訪ねて説得した。

「どうやら会社もだんだんよくなってまいりました。ついては、そろそろもう一度社長にもどっていただけるご用意を……」

と切り出すと、喜一郎さんの答えは、いつものように厳しいものであった。

「石田君、君は何をいうとる。ようなった、もうかるようになったといっても、それはまだトラックばかり造っていての話じゃないか。ぼくの夢は昔から乗用車の完成にある」

「そこで——特需が一段落ついたところで、いよいよその乗用車造りにトヨタへ帰っていただきたいのです」

「ほんとうに、それだけの力ができたのか。大へんな仕事だよ」

「できました!」

わたくしの答えは、ただ一言、自分ながらキッパリしていたと思う。(中略)

「うんそうか、それはうれしい。ぼくに自動車を造らせてくれるのか。クルマ造りならどんな苦労もいとわぬ。………いやどうも、本当とも思えぬほどありがたいことだ」

と心から喜んで、再度の社長就任の快諾である。そうして、トヨタへの帰り咲きを真底からうれしがり、半信半疑のさまで雀躍りされた。

いずれにしても、わたくしはかねてからの念願がここでかなって、まったくホッとした気持ちだった。肩の荷を降ろしたなんて、そんな生やさしいもんじゃあない。前にも後にも、わたくしはこの時ほど、身も心もいっぺんに軽うなった思いはない。（『商魂八十年』）

石田は「商売人だ」「田舎ものだ」「稼いだだけはもらう」「言いたいことは言う」などと、自らを「うるさ型の抜け目のないがめつい商人」のようにいいふらす。事実、そのようにふるまっていた面もあると思うが、地は一度信頼されたら何としてもその信頼に応えようとする律儀《りちぎ》な三河気質の人物だった。

だが、石田が肩の荷を降ろしたのも束《つか》の間《ま》、それから十日も経たぬうちに今度は茫然《ぼうぜん》自失《じしっ》することになる。喜一郎が突然、この世から去ってしまったのだ。昭和二十七（一九五二）年三月二十七日、五十七歳であった。

社長復帰が決まってから、喜一郎はその準備のために忙しく挨拶回りなどをし、当日は、築地の行きつけの料亭で、抱えていた原稿を急いで仕上げていた。その最中に脳溢血の発作に襲われ、再び意識は戻らなかった。

本書でも、前半で何度か引用した「自動織機生い立ちの記─自動織機の思い出話」が絶筆である。そして急死した喜一郎のあとを追うように六月三日、利三郎が病死した。六十八歳だった。

豊田グループを率いてきた二人の死で、一つの時代が終わった。しかし、その後のトヨタ自動車の発展のタネは喜一郎によってすべて播《ま》かれていた。自力開発主義、現地現物主義、ジャスト・イン・タイム、国産乗用車輸出の夢。

結局、喜一郎は乗用車らしい乗用車は生産できなかった。乗用車で欧米勢を駆逐するのは、自動織機で世界に認められた父に対する自己証明でもあったのだが、それは叶わなかった。

だが、屈辱的な退任のあと、社長復帰を目前に道半ばで死亡した喜一郎の無念な思いが、残された者にとっての大きなバネとなった。英二を求心力としてまとまった全トヨタは喜一郎の無念をバネとし、老練な石田とシャープな神谷の先導で飛躍の時を迎える。

トヨタの原点は、創業者・豊田喜一郎その人のなかにある。

【エピローグ】喜一郎の「遺志」の実現

その後のトヨタについて、簡単に触れておこう。

喜一郎《きいちろう》の突然の訃報《ふほう》に石田はしばし茫然自失したが、すぐ長男の章一郎《しょういちろう》を説得して、喜一郎の身代わりのようにトヨタ自工に入社させる。

章一郎は稚内《わつかない》で二年ほどチクワづくりをしたあと名古屋に戻り、プレハブ住宅の研究をしていた。この会社が、現在のトヨタホームである。

昭和二十七（一九五二）年七月、いきなり取締役でトヨタ自工に入社した章一郎は、石田、英二《えいじ》、神谷などから「とにかく現場を回れ」といわれ、自社の工場はもとより、協力工場（下請け）、全国の販売店と精力的に顔を出した。肩書きは取締役だが、まずは「現地現物」の現地を自分の目で見て回ることから始めたのである。

章一郎がまだ懸命に自動車工業の実態を勉強していた昭和三十年の一月五日、待望のトヨペット・クラウン（百一万四千八百六十円）とトヨペット・マスター（九十一万四千八百六十円）が発売された。

他社が海外メーカーと提携し、技術供与を受けて乗用車を生産するなか、英二、齋藤尚一を先頭に、トヨタの技術者は喜一郎の無念の気持ちが乗り移ったかのように三年間、懸命に自力開発して初の国産本格乗用車を完成させた。喜一郎の夢の一つが成就したといってもいいだろう。

トヨペット・クラウンとトヨペット・マスターは大ヒットした。その年の暮れには、乗用車シェアの三五・二％を占めて他を圧倒した。成功した理由の一つは、やはり初の純国産カーということがアピールしたからだろう。もう一つは、タクシー市場をターゲットにしたこと。さらに、首脳陣が積極果敢に設備の近代化をし、量産化によるコストダウンを行なって、他社に先んじて値下げ攻勢をかけたことも大きい。

この頃のトヨタは、昭和三十一年二月二十一日に世銀から二百三十五万ドルの借款《しゃっかん》契約を成立させて工作機械四十二台を購入。三月に設備近代化五カ年計画を完了した。これで月産三千台体制を確立し、毎年のように五万円近くも値下げしてシェアを伸ばした。

その量産効果による価格差を決定的にするべく、石田と英二はさらに途轍《とてつ》もない設備投資の決意を固める。月産一万台の乗用車専用工場の建設計画で、第一期工事として月産五千台の工場を三十四年七月までに完成させるというものである。

当時の国内自動車需要は乗用車、バス、トラック合わせて年間二十万台程度。乗用車はせいぜい五、六万台だった。そういう時期に月産一万台（年産十二万台）の自動車専用工場をつくるとなると、自動車需要がそのままなら、乗用車のシェアを一〇〇％以上取らないと過剰設備で大変なことになる。

これほど大胆な設備投資を英二がやろうとしたのは、モータリゼイションの波がもうじき日本にも押し寄せてくると考えていたからである。

そして石田と英二は昭和三十三年の初頭、この工場の建設委員長になんと章一郎を据えたのである。章一郎は前年に欧米の自動車工場を視察してきていたが、入社五年目、まだ三十三歳の若さだった。

章一郎にとって入社以来、初めての責任ある仕事が、社運を賭けた大仕事となった。石田も英二も、「好きにやってよし」と章一郎を突き放した。

章一郎は昭和三十三年の七月から工場の建設にかかり、翌年の七月に無事完成させた。この工場が、今日のトヨタ発展の土台となった元町《もとまち》工場である。それはまた、喜一郎の夢であった乗用車専用工場でもあった。

国内で着々と地歩《ちほ》を固めつつあったトヨタは、この工場の建設に先立って、クラウンの北米輸出に乗り出していた。

昭和三十二年八月二十五日、クラウン、クラウン・デラックス各一台をアメリカにサンプルカーとして輸出。これが、トヨタの北米輸出第一号である。

だが、結果は惨憺《さんたん》たるものだった。日本では耐久性、乗り心地、スピードとも何の問題も生じなかったのだが、米国の高速道路で走行すると、たちまち問題が噴出したのである。時速百キロになると振動が激しくなり、そのまま走り続けるとジェネレーターブラケットなどが共振して壊れる。オイルの消耗も激しく、エンジンがオーバーヒート。そのうえ馬力もなくて、高速道路に入ると加速が効かない。

トヨタは涙を呑んで、対米乗用車輸出から一時撤退し、以後、北米の高速道路で通用する車の開発が次の目標となった。そして三年後の昭和三十五年六月、ティアラ（日本ではコロナ）で米国市場に再挑戦する。ティアラはクラウンより高速性能はましだったが、やはりトラブルが続出。その年の十二月、トヨタ自販・自工両首脳は対米輸出中止という屈辱の決定をした。

クラウン、コロナどちらも通用しなかった。その理由は、高速での耐久性である。以後、トヨタの技術陣は交代でアメリカに出張し、現地で走行試験をしてはデータを持ち帰り、改良に没頭した。世界に通用する乗用車をつくり、海外に輸出するという喜一郎のもう一つの夢の成就までは、まだ半世紀の時が必要だった。

喜一郎が亡くなってから六十三年経った平成二十七年、トヨタグループの販売台数は四年連続で世界トップとなることは確実だ。

トヨタのフラッグシップカー、レクサスは、すでに北米ではベンツやBMWに勝るとも劣らない高級車として、高いブランドイメージを確立している。また、ハイブリッド技術でも他を圧倒している。

喜一郎の夢は、とうに成就しているといっていいだろう。

さて最後に、プロローグで設定したトヨタの三つの謎について、筆者なりの回答を試みよう。その答えのヒントは、張富士夫（現名誉会長）へのインタビューで得られた。トヨタ生産方式やトヨタの伝統のなかでキーワードとして使われている、「ジャスト・イン・タイム」「現地現物」「見える化」「改善」「にんべんの付いた自動化」「良い品良い考え」「ムリムラムダの排除」「なぜを五回くりかえせ」などのなかで、どれが一番大事かと、あえて問うた。

張はしばらく考えて、「改善でしょうね」と答えた。他の企業ではなかなか継続できないトヨタ生産方式を機能させているのは、あらゆるシーンでのたゆまぬ「改善」の努力によるだろう。また、地道な経営をしながら突如として大胆な投資に踏み切ったり、思わぬ抜《ばっ》擢《てき》人事をしたり、ハイブリッドのような新技術を開発したり、世界を驚かす提携などができるのも、日ごろから見えないところで積み重ねた「改善」が「積小致大《せきしょうちだい》」の飛躍的な結果として表れたものだろう。そして喜一郎、WHO?

喜一郎は、改善魂そのものといえる。結局、トヨタの経営は「改善」という言葉に集約されるのではないか。

トヨタの成功によって、「改善」はいまや「カイゼン」として世界中の経営シーンで使われる用語となった。

新版あとがき

本稿を書き終えて、改めてトヨタがここまで成功した最大の要因は、佐吉・喜一郎父子の、この世になかったものを発明し、改良し、少しでも社会に役立てたいという「志」を保ち続けたからであると思っている。本書を読んで、少しでもそれを感じていただけたら幸いである。

本書は前トヨタ自動車歴史文化部社内史料グループ主査の堀井信宏氏の全面的なご支援がなければ完成しなかった。堀井氏のご好意に厚く感謝いたします。また忙しいなか、取材に応じていただいた方々、並びにトヨタ広報部、歴史文化部史料グループの皆さんに改めてお礼申し上げます。なお、本文中の文章表現については、あくまで筆者の責任であることを明記しておきます。

なお今回、ワックブンコとして出版するにあたり、『トヨタを創った男　豊田喜一郎』に大幅な加筆修正を加えました。

二〇一五年十二月

野口　均

本書は、弊社より二〇〇二年十一月に発刊された『トヨタを創った男　豊田喜一郎』を、改題・改訂した新版です。

野口　均（のぐち・ひとし）

フリーランス・ジャーナリスト。1947年、埼玉県生まれ。小説家を志しつつ早稲田大学第一政治経済学部を卒業。雑誌記者を経て、87年にフリーとなり、91年まで野口雄一郎の筆名で「中央公論」「諸君！」他にリポートを発表。以来、「プレジデント」「文藝春秋」「日経ビジネス」「フォーブス日本版」などを舞台に、政治・経済・外交問題を主なテーマに執筆活動を続けており、近年は人物論にも異彩を放っている。著書に『ファンドの時代』（千倉書房）、『逆境のリーダー・石橋信夫』（ダイヤモンド社）、『会社員　負けない生き方』（平凡社新書）などがある。

カイゼン魂
トヨタを創った男　豊田喜一郎

2016年1月27日　初版発行

著　者　野口　均

発行者　鈴木　隆一

発行所　ワック株式会社

東京都千代田区五番町 4-5　五番町コスモビル　〒102-0076
電話　03-5226-7622
http://web-wac.co.jp/

印刷製本　図書印刷株式会社

ISBN978-4-89831-731-0

好評既刊

崩壊　朝日新聞

長谷川熙

朝日新聞きっての敏腕老記者が、社員、OBを痛憤の徹底取材！「従軍慰安婦」捏造をはじめ「虚報」の数々、「戦犯」たちを炙り出し、朝日の病巣を抉った力作！　本体価格一六〇〇円

世界は邪悪に満ちている　だが、日本は……

日下公人・髙山正之　B-230

人種差別、略奪、強姦、虐殺……「自分たちは偉い」と信じ込む白人が働いた悪行は数知れず。日本人も、白人の本性と人種攻撃の実態に目を向けよ！　本体価格九〇〇円

2016年　世界の真実

長谷川慶太郎　B-224

激動する国際情勢の基調とは？　米国経済の強さの実態は？　中国、ロシア経済の行方は？　日本経済の今後の課題は？　答えは本書にすべて書いてある！　本体価格九〇〇円